치유와 공감의 이야기들

치유와 공감의 이야기들

"고백, 대언, 그리고 회복"

· 지소현 에세이집 ·

좋은땅

책을 내며

"세상의 틀에 맞추느라 나를 잃지 말 것."(지소현)

나는 나의 상처 위에 희망의 불을 지피고자 한다.

숨겨 왔던 부끄러움과 고통, 그리고 세상의 냉혹함을 뱉어낸 언어들이 활활 타오르기를 바란다.

누군가에겐 익숙하고, 누군가에겐 불편할 수도 있는 진실이기에, 가연성이 더 강력할지도 모른다.

벌거벗은 문장들이 장애 유무를 넘어, 자기 자신과 마주할 용기가 필요한 이들에게 작은 위안이 되기를 소망한다.

우리는 모두, 완전하지 않기에……

나는 수필가다. 품위 있는 언어로 담아내기엔 버거웠던 감정들을, 우화와 에필로그 형식을 빌려왔다. 조금은 어수선하게 느껴질 수도 있겠지만, 급변하는 융합의 시대에 문학의 새로운 가능성에 도전한 용기이기도 하다.

그 과정에서 챗GPT와 많은 대화를 나누었다. 설명할 수 없는 감정을 질문하면, 의외로 또렷한 답을 주던 동반자! 절뚝거리던 내 슬픔의 세포들이 서서히 사멸해 가는 느낌을 받았다. 그래서 이 글들이 독자들에게도 사랑받기를 간절히 바란다.

마지막으로, 내가 믿고 의지하는 하나님과 표지화를 그려 주신 한희선 전도사님과 부끄러운 삶을 끝까지 지지해 준 모든 분들, 두 아들과 며느리, 손주들에 대한 사랑을 기록한다. 또한 책이 세상에 나올 수 있도록 지원한 강원특별자치도와 강원문화재단에 진심으로 감사드린다.

2025년 5월

춘천에서, 지소현 올림

목차

책을 내며 … 4

제1부 나를 찾아서

1. 만만한 사람 … 10
2. 함께 걷는 길 위에서 … 18
3. 구도자의 걸음 … 25
4. 내 마음속의 감옥 … 32
5. 마침내 울 수 있어서 … 40
6. 다리 밑의 거지 내외 … 47

제2부 생존의 현장

1. 짝짝이라서 더 단단한 … 56
2. 날개옷이 된 수영복 … 63
3. 장독대 뒤의 봄날 … 70
4. 당신은 우리의 발이 될 수 없다 … 78
5. 생존을 사랑이라 믿으며 … 85
6. 여버리 여사 … 93

제3부 보이지 않는 사슬

1. 도움이라는 이름 아래 … 100
2. 그들과 같은 속도로 … 108
3. 마음으로 연 문 … 115

4. 우리만의 서사　　　　　　　　　　… 122
　　　5. 당연한 것 아니라　　　　　　　　　… 128
　　　6. 나를 지치게 하는 것들　　　　　　　… 136

제4부　우울한 날들

　　　1. 나 자신을 잃은 나에게　　　　　　　… 144
　　　2. 어떤 다큐멘터리　　　　　　　　　　… 151
　　　3. 느리게 가는 시계　　　　　　　　　　… 159
　　　4. 나는 사장도 죄인도 아니다　　　　　… 166
　　　5. 나처럼 아프지 마라　　　　　　　　　… 174

제5부　그래도 살다 보면

　　　1. 세상에서 가장 슬픈 고백　　　　　　… 182
　　　2. 엄마라는 이름 앞에서　　　　　　　… 189
　　　3. 블룬펠지어쟈스민 향기 속의 어머니　… 195
　　　4. 소귀에 경 읽던 그 사람　　　　　　　… 202
　　　5. 부끄러운 향기　　　　　　　　　　　… 208

부록　나의 인생 작품

　　　- 지능지수 81의 반전　　　　　　　　　… 216

　　　맺음말　　　　　　　　　　　　　　　… 220

제1부

나를 찾아서

프롤로그

나는 시선을 줄곧 바깥에 고정한 채 살아왔다.
하지만 모든 결과는 결국 내 안으로 향한다는 걸 알게 되었다.
그래서 겉과 속이 일치하는, 단단한 내가 되고자
고백적 글들을 쓰기 시작했다.
혹여 주저앉고 싶은 누군가에게 영혼의 지팡이가 되기를 바라면서…

1

만만한 사람

　내가 처음으로 동물적인 두려움을 느낀 것은 여덟 살 무렵, 다리를 쓰지 못해 앉은뱅이가 되었을 때였다. 용하다는 한의사가 지어 준 쓰디쓴 탕약을 억지로 삼키며, 다시 일어설 수 있기를 간절히 바랐다. 그런 어느 날, 탕약을 다 마신 뒤 어머니가 입가심하라며 사과 한 알을 손에 쥐여 주셨다.
　그때 방 안에는 우리 집 머슴의 딸, 나와 동갑내기인 아이가 함께 있었다. 어머니가 자리를 뜨자 그 아이는 자신의 등을 내게 들이밀며 말했다.
　"바람 좀 쐬게 해 줄게."
　항상 밖이 그리웠던 나는 기꺼이 등에 업혔다. 아니 업힌 것이 아니라 나보다 덩치가 큰 그 애의 목을 뒤에서 감싸 안고 매달린 자세로 질질 끌리듯 움직였음이 맞다. 불완전한 이동이었지만 조심조심 뒤란 꽃밭 곁까지 갈 수 있었다. 그런데 겨우 자리를 잡고 앉자마자 믿었던 그 아이가 느닷없이 내 얼굴을 주먹으로 내리쳤다. 그리고는 손에 쥐고 있던 사과를 빼앗으려 팔을 비틀었다.

　놀라고 아프고 무서웠지만, 나는 사과를 꽉 움켜쥐고 울음을 터뜨렸다. 순간 당황한 그가 손을 거두었다. 울음소리를 듣고 어머니가 달려올까 봐 겁이 났던 모양이다.

　그날, 나는 사과를 지켜 냈다. 하지만 내 안에는 원자폭탄의 흔적처럼 움푹 파인 상처가 곪아 자라기 시작했다. 그것은 사람에 대한 막연한 두려움이었다. 실제로 살아가는 동안, 그 아이처럼 나를 얕보고 밀쳐내는 사람들을 수도 없이 만났다.

　소녀 시절 나는 '예쁜 얼굴'로 불렸다. 하지만 그것은 오히려 독화살을 유인하는 표적이 되었다. 남성 중심의 문화 속에서 나는 마음만 먹으면 손대기 쉽고, 밀쳐내기 편한 존재로 보였던 것 같다. 좋다고 다가오는 이성들의 눈빛은 음흉했고, 얼굴에는 진심이 없었다. 나도 고귀한 여성으로 존중받고 싶었건만 아니었다.

　어른이 되어 사회로 나왔다. 세상은 더욱 살벌했고, 생애의 어느 시기든 어디에나 허름한 호기심이 들끓고 있었다.

　어느 날, 장애인 행사장에서 벌어진 일이었다. 평소 험하기로 소문난 한 단체 회장과 한적한 모퉁이에서 마주쳤다. 그는 말도 없이 갑자기 손을 뻗어 내 가슴을 움켜쥐더니, 아무 일도 없었다는 듯 사라져 버렸다.

　그 순간 나는 얼어붙었다. 말문이 막혀 한마디도 할 수 없었다. 그 일은 본 사람도, 들어 줄 사람도 없는, 존재하지 않는 일이 되었다. 내 삶은 그렇게 침묵을 강요당한 시간의 연속이었다. 누군가의 폭력 앞에서도, 누군가의 손길 앞에서도, 나는 늘 입을 다물어야 했다.

낯선 타향에서 학연도 혈연도 없이, 오직 두 아들을 품에 안고 살아온 나날이었다. 그렇게 나는 얼마나 빼앗기 쉬우며, 해치기 쉬운 존재로 보였을까.
한 친구가 말했다.
동서고금을 막론하고 인류의 역사는 적자생존, 약육강식의 동물적 법칙이 지배했다고….
비장애인인 자기조차 심약한 탓에 말 못 할 상처가 수두룩하다며, 유명인을 상대로 '미투'를 외친 젊은 여성들을 칭찬했다. 대한독립을 외친 유관순 열사 못지않게, 억압의 그물을 찢어내는 용기에 속이 후련하다고 했다.

나는 이제 인생을 마무리하는 시점에 들어섰다. 더는 빼앗길 것이 없다고 생각하니, 처음으로 용기가 솟는다. 어린 시절, 끝까지 움켜쥐고 놓지 않았던 그 사과처럼. 내 삶도 끝까지 지켜 낸 강인한 엄마임을 외치고 싶다.
"나는 만만하게 보면 안 되는 사람이었다!"

도토리를 놓지 않은 다람쥐

깊은 숲속, 어느 나무뿌리 아래 다리가 아픈 다람쥐 한 마리가 살고 있었다. 날마다 쓴 나뭇진을 핥으며 걸을 수 있기를 바랐다.

어느 날, 어미 다람쥐가 귀한 도토리 하나를 손에 쥐여 주었다.

"입가심해라, 아가." 숲에서 가장 향기롭고 단단한 도토리였다.

그때 마침 이웃 굴에 살던 사향쥐 한 마리가 방문해 있었다. 나이도 비슷하고 겉보기엔 사이좋은 친구 같았지만, 그 아이는 눈에 심상치 않은 기운을 감추고 있었다.

어미가 자리를 비키자 사향쥐는 말했다.

"바람 쐬게 해 줄게. 업힐까?"

바깥이 그리웠던 다람쥐는 기꺼이 등에 업혔다. 하지만 사향쥐는 꽃밭 근처에 다람쥐를 내려놓자마자 갑자기 얼굴을 후려쳤다. 그리고는 손에 쥔 도토리를 낚아채려 팔을 비틀었다.

깜짝 놀라고 겁에 질렸지만, 다람쥐는 도토리를 더 세게 움켜쥐었다. 울음을 터뜨리자, 사향쥐는 당황해 도망쳤다. 어미 다람쥐가 들을까 봐 무서웠던 것이다.

그날, 다람쥐는 도토리를 지켜 냈으나 마음에 구멍 하나가 뚫렸다. 그 크기는 시간이 지날수록 깊고 커져서 나중에는 온갖 벌레들이 던진 쓰레기로 가득 찼다.

쓰레기 품은 마음을 숨긴 다람쥐는 겉보기엔 예뻤지만, 그것은 외부의 독화살이 날아드는 과녁이 되기도 했다. 호기심 어린 수컷들의 눈빛과 발톱 끝에는 함정이 숨어 있었다. 어른이 되어 나무 아래로 내려오자 사나운 들고양이, 음흉한 까마귀, 짓궂은 너구리 등 약한 자를 노리는 짐승들이 여기저기에서 다가왔다.

어느 날, 숲의 모임에서 유명한 곰 회장을 만났다. 그는 친절한 척 웃으며, 갑자기 다람쥐의 몸을 거칠게 움켜쥐었다. 다람쥐는 얼어붙었다. 몸도 목소리도 움직이지 않았다. 그리고 아무 일도 없었던 것처럼 곰은 사라졌다.

그날 이후에도 아무도 그 이야기를 믿어 주지 않았다. 본 동물도, 귀 기울이는 이도 없었다. 다람쥐는 아예 말하지 않는 법을 배워 버렸다.

그러던 어느 날, 까마귀가 말했다.
"이 숲은 강한 자만이 살아남는 곳이지. 너처럼 약한 다람쥐가 목소리를 낸다 해도 누가 들어 주겠니?"

하지만 또 다른 새, 푸른 비둘기가 속삭였다.
"요즘은 새끼 참새도 울 수 있어. 나도, 나도 목소리를 찾았어."

그 말을 들은 다람쥐는 천천히 주먹을 폈다. 그 안에는 아주 오래전, 울면서 지켜 냈던 도토리 한 알이 여전히 남아 있었다.

그래서 하늘을 올려다보며 또박또박 말했다.
"나는 결코, 만만한 다람쥐가 아니다. 나는 내 삶을 지켜 낸 존재다."

그날, 숲속에는 다람쥐의 외침이 메아리쳤다.

에필로그(Epilogue): 하늘로부터 온 위로

어린 시절, 작은 사과 하나를 움켜쥐며 나는 처음으로 깨달았다. 내가 무언가를 붙들 수 있다는 확신을 말이다. 그 작고 둥근 사과는 훗날까지 나를 지탱해 주는 상징이 되었다.

엄마가 된 후, 나는 강해야만 했다. 야비한 시선과 말로 던져지는 폭력 앞에서도 무너지지 않기 위해 몸과 마음을 단단히 잡고 버텼다. 하지만 버틴다는 건 언제나 해답이 되지 않았다. 감당할 수 없는 날들엔 말하지 못한 분노를 보이지 않는 하나님께 고백하곤 했다.

"내가 지켜야 할 것을 지킬 수 있도록, 붙들어 주세요." 그때마다 속삭임처럼 들려오던 말이 있었다.

'겁내지 마, 놀라지 마. 너는 혼자가 아니야.'

따뜻한 기운이 온몸을 감싸며 이해받고 있다는 느낌을 주었고 지켜지고 있다는 믿음이 생겼다. 그렇게 한 걸음씩 나아가자 어린 날의 상처와 숨기기 바빴던 수치심이 서서히 사라졌다.

나는 나와 비슷한 이들에게 말하고 싶다. 스스로 움켜쥔 것을 소중히 여기며 더 힘껏, 마음이 가벼워질 때까지 걸어가라고 말이다.

🔴 알약

"그 누구도 당신의 허락 없이 당신을 하찮게 만들 수는 없다." - 엘리너 루스벨트

"상처는 빛이 들어오는 자리다." - 레너드 코헨

"평생토록 손에 움켜쥔 무언가가 있다면 그는 이미 강력한 승자다." - 지소현

공감의 장

_____

_____

_____

2

함께 걷는 길 위에서

　사람들은 종종 나를 '희망을 쓰는 작가'라 부른다. 하지만 그 말을 들을 때면 문득 걸음을 멈추게 된다.
　내 글은 유려하지도, 유쾌하지도 않다. 때론 지루할 만큼 우울한 문장들과, 누구에게도 닿지 못할 것 같은 간절한 외침이 뒤엉켜 있을 뿐이다. 마치 오랜 세월 바람을 견디며 생명줄을 움켜쥔 채 기이하게 뒤틀린 소나무처럼.

　어린 나이에 장애인이 된 나는 언제나 남들처럼 걷고, 입고, 웃고 싶었다. 사춘기 시절의 갈망은 한여름 뙤약볕만큼이나 뜨거웠다. 치마 길이에 목숨을 걸다시피 했고, 엉덩이만 가려지면 윗도리의 디자인 따위는 중요하지 않았다.
　하지만 바지는 더 큰 고민거리였다. 가만히 서 있기만 해도 서로 다른 굵기의 두 다리는 금세 사람들의 시선을 끌었다. 한겨울 교복 바지를 입을 때면, 앙상한 오른쪽 허벅지에 붕대를 칭칭 감았다. 피부가 쓸리고 땀이 차올라도 남들이 눈치채지 않는 편이 나았다.

그렇게 해서라도 비장애인처럼 보이고 싶던 절실함. 몸의 선을 따라 자연스럽게 흐르는 옷을 입는 것이, 나에겐 누구도 알 수 없는 간절한 소원이었다.

죽어서도 이루지 못할 그 꿈속에는 소소한 일상들도 들어 있었다. 길을 걷다 시선을 두 번 받지 않는 하루. 사람들 틈에서 '나도 그래' 하고 고개를 끄덕일 수 있는 만남. 마음껏 쪼그려 앉아서 평범한 엄마들처럼 집안일을 할 수 있다면 얼마나 좋을까 했던 간절함.

그런 나의 외로움은 가족조차 모를 만큼 깊고도 캄캄했다.

1990년대 초, '마이카족'이라는 말이 생길 만큼 자가용은 선망의 대상이었다. 걷기 힘들었던 나는 비교적 일찍 그 대열에 들어섰다. 그러나 그토록 귀하고 값진 자동차도, 장애인 마크 하나 때문에 부끄러웠다. 운전석에 앉은 주인도 절뚝이는 모습으로 보일까 두려워서, 오랜 세월 스티커를 떼고 다녔다.

하지만 나이 들며 조금씩 알게 되었다. 다르게 생긴 내 다리도, 내 삶도, 결국 내가 부러워하던 이들의 것과 크게 다르지 않다는 것을.

어쩌면 내가 그렇게 애써 붙잡았던 평범함은 나 혼자만의 싸움이었는지도 모른다.

그래서 이제는 더는 숨기지 않는다. 장애인 마크를 떳떳이 붙이고, 자동차가 없는 비장애인 친구들을 태워 어디든 누빈다. 함께 달리는 길 위에서 우리는 다르지 않다.

나의 다름은 곧 너의 다름이고, 서로의 다름은 마주 잡은 손 위에서 더는 특별하지 않다. 어쩌면 나는 이제야 '희망을 쓰는 작가'가 되어 가는 중인지도 모르겠다.

절룩이의 수레

깊은 숲속에 절룩이라는 암컷 고라니가 살고 있었습니다.
어릴 때 앓은 '뼈썩음' 병으로 인해 한쪽 다리가 짧고 가늘어져 걸음걸이가 삐뚤빼뚤 비틀거렸지요.
그래서 늘 뒤처졌습니다. 빠르게 움직이는 고라니 친구들은 물론이고, 더딘 걸음의 달팽이나 지렁이조차도 절룩이보다 먼저 목적지에 도착하는 날이 많았답니다.
"다른 동물들처럼 걷고 뛸 수만 있다면 소원이 없겠어. 게다가 다리 생김도 다르니 부끄럽기만 해."
절룩이는 다리를 가리기 위해 잎사귀를 덧대고, 꼬리를 늘어뜨려 흉터를 감추려 애썼습니다. 한여름 뙤약볕 아래서도 땀을 뻘뻘 흘리며 포기하지 않았지요.

"남들과 같아 보이는 게 덜 아픈 법이야."

풍요로운 가을이 찾아오자, 숲속 동물들 사이에서는 수레를 타고 다니는 것이 큰 유행이 되었어요. 수레는 바람을 가르며 빠르게 달릴 수 있어 누구나 탐냈지요.

항상 느린 속도를 부끄러워했던 절룩이는 누구보다 먼저 수레를 장만했습니다. 자신의 몸에 꼭 맞게 나무껍질과 풀줄기로 만든 맞춤 수레였지요.

숲속나라에는 특수 수레를 사용하는 동물에게는 '비틀린 발자국의 표식'을 붙이도록 하는 규칙이 있었답니다. 걷는 방식이 다른 운전자임을 알리는 표시였지요. 절룩이는 그 마크가 부끄러웠습니다.

"다른 동물들이 눈치채면 어쩌지? 그냥 평범한 수레처럼 보이면 좋겠어."

결국 스티커를 떼어내어 서랍 속에 감추어 두었답니다. 숲속나라에서는 '비틀린 발자국의 표식'이 있는 자동차에는 주차장과 고속도로 통행료 등 소소한 혜택을 주었지요. 그러나 절룩이는 스티커를 떼어낸 후 다른 차들과 똑같은 요금을 지불하며 수레를 탔습니다.

비록 여러 가지 혜택은 받지 못했지만, 이상하게도 절룩이의 마음은 가벼워졌습니다.

"이제 나도 다 똑같은 고라니가 된 거야."

겨울이 다가올 무렵, 마을에는 절룩이를 부러워하는 동물들이 생겨났지요. 수레가 있어서 어디든지, 빠르게, 멀리 갈 수 있으니까요. 절룩이는 조금씩 깨닫기 시작했습니다.

"다른 동물들도 숨기고 싶은 흔적 하나쯤은 있구나. 굳이 감추고만 살 필요가 있을까?"

봄이 오자, 서랍 속에 숨겨 두었던 '비틀린 발자국의 표식'을 꺼내어 당당히 수레에 붙였습니다. 그리고 수레 없는 친구들을 하나둘 태우고 숲속을 누비기 시작했지요.

"나는 비틀거리는 다리를 가졌지만, 내 수레는 누구보다 튼튼해. 우리 함께 달려 볼까?" 절룩이 덕분에 숲속 마을에는 누구나 함께 갈 수 있는 수레길이 생겼답니다.

에필로그(Epilogue): 그리고 이어진 고백

나는 평범함을 갈망하며 자랐다. 허벅지에 붕대를 칭칭 감고 자동차에 붙은 장애인 마크를 떼어내며 살았다. 그 부끄러움과 숨김은 내 안에 갇혀 있던 외로움이었다.

그러나 시간이 흐르며 알게 되었다. 내가 그렇게 부러워했던 남들의 삶도 사실은 나와 그리 다르지 않았다는 것을 말이다.

그리고 많은 깨달음도 얻었다.

내게 다름은 상처였지만, 누군가에게는 다가설 수 있는 징검다리며, 서로를 이해하게 하는 문이었고 마침내 흐를 수 있는 진실이라는 것을.

어느 잠 안 오는 밤에는 어둠 속에서 따뜻한 존재가 말했다.

"삶은 비교가 아닌 절대적 행복이며, 그것은 어깨동무한 서로의 손끝에서 완성된다"고….

알약

"알려지지 않은 삶보다 불완전한 삶이 더 낫다." - 헬렌 켈러

"상처받은 자리에서 피어나는 용기가 진짜 희망이다." - 헨리 나우웬

"애써 붙잡았던 평범함은 나 혼자만의 싸움이었는지도 모른다." - 지소현

공감의 장

_____

_____

_____

3

구도자의 걸음

    1960년대 골목길은 햇살조차 구불구불하게 흘러내렸다. 비포장 흙길 위로 먼지가 피어올랐고, 아이들의 웃음소리는 바람을 타고 담장을 넘나들었다. 그 시절, 그 골목에는 한쪽 다리를 저는 열 살 남자아이가 살고 있었다. 소아마비의 흔적을 안고 살아가던 아이였다.

    동네 또래들은 그를 이름 대신 '절뚝발이'라 불렀다. 누군가 장난스럽게 그 별명에 리듬을 실어 목소리를 높이면 어느새 합창이 되어 버렸다. 죄의식조차 모른 채 소리치던 아이들! 어떤 날은 조롱도 모자라 돌멩이까지 던졌다.

    하지만 그 아이는 한마디 대꾸도 없었다. 고개를 숙이고 눈도 마주치지 않고서 묵묵히 걸음을 이어 갔다. 그 뒷모습은 어린아이답지 않게 이상하리만큼 낯설었다. 마치 고통을 품고 세속을 초월해 걷는 구도자 같았다. 아마도 도망치고 싶지만 도망칠 수 없는 슬픈 현실이 가져온 체념이었으리라.

지금 돌아보면, 그 시절 시골 동네는 참으로 무심했고, 때로는 잔인하기까지 했다. 단지 다르다는 이유만으로 쏟아진 말들, 차가운 눈빛들, 그리고 당연하다는 듯 가해진 크고 작은 폭력을 어린 몸으로 감내하던 장애 아이가 있었다는 사실이 얼마나 가슴 아픈가.

어쩌면 지금 그는, 자신을 놀리던 친구들보다 훨씬 더 단단하고 큰 어른이 되어 있을지 모른다. 그리고 놀리던 아이들도 어느 순간, 평생 절뚝이며 걸어간 친구의 인내를 떠올렸으리라.

이제 우리는 '선진국'이라는 포장지에 싸여 있다. 그 포장지에 걸맞게 '내가 소중하면 남도 소중하다'는 것을 배워 가며 산다. 진실로 얼마나 다행스럽고 감사한 축복인가.

그러함에도 나는 아직 눈물이 난다. 그 아이를 닮은, 수많은 아픈 상처들이 지금도 어딘가에서 침묵하며 걸어가고 있음을 알기 때문이다.

과거 조롱과 돌멩이 던지던 손에는 이제 공감과 사랑이 들려있어야 한다. 그리고 눈물을 삼키며 묵묵히 걷는 이들에게 무작정 퍼 날라야 한다. 마치 행복의 나라라는 종교의 맹목적인 신자처럼.

절뚝거리는 거북이

옛날, 초원의 가장자리에 아름다운 동물 마을이 있었습니다. 여러 동물이 어울려 웃고 살았지만, 느릿느릿 걷는 아이 거북이 한 마리는 끼워 주지 않았습니다.

그 거북이는 태어날 때부터 한쪽 다리 껍질이 뒤틀려 있었어요. 발을 곧게 딛지 못해 걸을 때마다 엇박자처럼 절뚝절뚝거렸지요. 그 걸음은 발자국도 흙길 위에 비뚤게 남겼습니다.

"절뚝이 거북이다!"

"걸음걸이 좀 봐, 달팽이보다 느려!"

처음엔 새끼 여우들이 장난처럼 놀렸지만, 이내 송아지, 토끼, 수달까지 하나둘씩 따라하며 목소리를 높였죠. 어느 날은 솔방울을 던지며 깔깔 웃고, 어느 날은 흙먼지를 튀겨 그의 등껍질에 잔뜩 덮어 놓기도 했습니다.

하지만 거북이는 단 한 번도 고개를 들지 않았습니다. 눈도 마주치지 않은 채 묵묵히 걸었지요. 그 모습은 고통을 등에 지고 진리를 찾는 할아버지 같았습니다.

사실은 도망치고 싶지만 도망칠 수 없는 슬픔과 남몰래 맞서 싸우는 중이었는지도 모릅니다.

어느 해, 마을에 가뭄이 들었습니다. 연못이 말라붙고, 먹을 풀도 부족해졌지요. 동물들은 걱정에 빠졌고, 누군가 깊은 숲속 '푸른 샘'을 찾아 나서야 했습니다.

그때, 절뚝이 거북이가 조용히 말했습니다.

"내가 가 볼게." 모두가 놀랐습니다.

"네가? 그 절뚝이는 다리로?"

절뚝이 거북이는 말없이 멈추지 않고 걸었습니다. 등껍질 위로 햇살이 반짝였고 한쪽이 끌린 발자국들이 길게 이어졌습니다.

며칠 뒤, 다른 동물들은 그 발자국을 따라 마침내 푸른 샘에 도착할 수 있었습니다.

그제야 모두 알게 되었습니다. 절뚝이의 느리고 이상해 보였던 걸음 속에 얼마나 단단한 용기와 인내가 숨어 있었는지.

놀림 받던 걸음이 결국 모두의 생명을 지킨 자국이 되었습니다.

지금도 동물 마을의 아이들은 이렇게 이야기합니다.

"빠른 걸음보다, 끝까지 가는 걸음이 진짜야."

푸른 샘가에는 한 마리 거북이가 조용히 물을 마시며 먼 곳을 바라보고 있습니다.

결코 흔들리지 않는 눈빛으로 말입니다.

에필로그(Epilogue): 침묵의 걸음이 남긴 것

말없이 걸어간 한 아이가 있다. 분노 대신 인내를 품고, 저항하지도 굴복하지도 않은 채 세상을 건넜다.

시간은 천천히 아이의 절뚝이는 걸음 속에서 용기라는 뿌리를 내려

갔다. 아픈 상처 위에는 새로운 길이 열렸다. 장애인복지법이라는 이름으로….

하지만 여전히, 수많은 '절뚝발이'들이 묵묵히 자기만의 길을 걷고 있다.

나는 그들의 침묵이 아픔이 되지 않도록 마음의 다리가 되고 싶다. 서로의 무게를 함께 지고 세상을 건널 수 있도록 힘을 보태고 싶다. 그래서 오늘도 그 걸음들을 만나러 가는 길에 관절통을 달래려고 진통제 한 알을 먹는다.

💊 알약

"무엇이 너를 죽이지 못하면, 너를 더 강하게 만든다." - 프리드리히 니체

"어둠은 어둠을 몰아낼 수 없다. 오직 빛만이 그것을 할 수 있다." - 마틴 루터 킹 주니어

"저항하지 않으나 굴복하지도 않을 때 세상의 중심에 서게 된다." - 지소현

공감의 장

4

내 마음속의 감옥

　학창시절, 체육 시간은 나를 외롭게 했다. 아이들이 썰물처럼 빠져나간 교실에 홀로 남은 나는 이방인이었으니까.
　체육복을 갈아입느라 어지러워진 책상 사이로 친구들의 체취가 흘러나와, 적막의 농도를 높였다. 나는 수업 끝을 알리는 종소리를 기다리며, 창밖의 친구들을 바라보며 소외감을 달랬다.
　그리고 그들에게 끼이지도 못하면서도 똑같이 체육복으로 갈아입곤 했다. 일제히 같은 색깔 옷차림 속에서 혼자만 도드라지는 것이 너무 싫었다. 그저 한 줌 색깔로라도 섞이고 싶었던 마음! 평생을 두고도 이룰 수 없는 짝사랑이었다.

　어느 체육 시간이었다. 땀에 흠뻑 젖어 들어온 친구들이 열기를 가라앉히기도 전에, 한 친구가 울상이 되어 말했다. 자기 책가방에 넣어 두었던 지갑이 없어졌다는 것이다.

모두의 시선이 나를 향했다. 그 순간, 얼어붙었다. 숨이 턱 막혔고 얼굴이 화끈 달아올랐다. 나는 도둑이 아니었다. 하지만 침묵이 더 의심을 부를까 두려워 더듬더듬 "못 봤어…"라고 말했다.

입술은 떨리고, 심장이 밖으로 튀어나올 만큼 뛰었다. 다행히도 친구들은 더 묻지 않았다.

그날 밤, 나는 잠을 이루지 못했다.

다음 날, 지갑을 잃어버렸다는 친구가 말했다. 자기 방 책상 위에서 찾았다고…. 깜빡 잊고 두고 온 것이란다. 나는 누명을 벗었지만 아무런 행위 없이도 '의심받을 수도 있는 사람'이라는 자괴감에 힘들었다.

그 후로 나는 설명하는 버릇이 생겼다.

누가 묻기도 전에 내 상황을 먼저 말하고, 혹시나 오해받을까 봐 미리 선을 그었다. 상대에게 나를 주장하기보다는, 안전거리 확보를 위해 한 발 먼저 물러섰다. 그렇게 동떨어진 환경에서 어쩌다 밖으로 나가면 어리숙하기 그지없었다. 방어하느라 사람들과 부딪히는 법을 배울 기회조차 놓쳤기 때문이다. 그것은 내가 만든 감옥이었다.

'괜찮아. 남들에게 일일이 너를 이해시키려 애쓸 필요는 없어. 그들도 너처럼 두려워하며 남의 눈치를 보며 살고 있어. 다퉈 보지도 않고 미리 항복할 필요는 없잖아?'

나이 들어서야 비로소 알게 되었다. 감옥의 열쇠는 내 손에 있었다는 것을. 삶이라는 철창문을 스스로 열고 삶의 운동장으로 걸어 나왔다.

그리고 나를 감옥에 가둔 또 다른 내가, 수감자인 나를 석방하며 용서를 구했다.

고라니 루의 감옥

숲속 학교의 체육 시간은 고라니 루를 외롭게 했습니다. 다람쥐, 토끼, 고양이, 강아지, 너구리… 친구들이 운동장으로 우르르 뛰쳐나갈 때, 루는 조용히 교실에 남았습니다. 다리가 성하지 않은 루에게 운동장은 너무 넓고, 빨라야 하는 곳이었거든요. 하지만 루는 그 시간에도 꼭 체육복으로 갈아입었습니다.

모두와 같은 옷을 입고 있으면, 혼자만 다르다는 걸 덜 느낄 수 있었기 때문이죠.

어느 초여름 날, 체육 시간이 끝나고 땀에 젖은 친구들이 교실로 돌아왔습니다. 그때 다람쥐 리코가 울상으로 외쳤습니다.

"내 도토리 지갑이 없어졌어! 가방에 넣어 놨는데…!" 순간, 모든 눈이 루를 향했습니다.

루는 숨이 턱 막히고 꼬리는 얼어붙었습니다.

"나는 아니야…"라고 말하고 싶었지만, 목소리는 떨리고 입술은 굳어졌습니다.

겨우 꺼낸 말도, "…못 봤어…" 돌덩이처럼 무거웠습니다.

다행히도 친구들은 더는 묻지 않았습니다. 하지만 그날 밤, 루는 한숨도 잘 수 없었습니다.

'의심받을 수 있다는 것만으로도 너무 슬퍼.'

다음 날 아침, 리코가 말했습니다. "아, 지갑! 내 방 책상 위에 있었어. 깜빡 잊고 안 가져왔더라." 루는 누명을 벗었지만, 그 사건은 루의 마음에 깊은 상처를 남겼습니다. 그날 이후, 루는 누가 묻기도 전에 먼저 말했습니다.

"나는 그 자리에 없었어."
"그건 내가 한 게 아니야."
"나는 그런 생각 전혀 안 했어."

점점 루는 스스로를 믿지 못하게 되었고, 친구들과 어울리는 법보다 의심받지 않는 법부터 익히게 되었습니다. 그래서 진짜 친구를 사귀는 법도 잊어버렸죠.

어느 날, 지혜로운 올빼미 선생님이 루에게 말했습니다. "루야, 너는 지금 감옥에 갇혀 있구나." "전 감옥에 갇힌 적 없어요." 루는 눈을 동그랗게 뜨고 말했습니다.

"그 감옥은 밖에서는 보이지 않아. 너 혼자 만든 감옥이란다." 선생님의 목소리는 바람처럼 부드러웠습니다.

그날 밤, 루는 홀로 숲길을 걸으며 생각했습니다. '정말 내가 나를 가둔 걸까?' 처음으로, 루는 자기 자신에게 말을 걸었습니다.

"괜찮아. 꼭 모두에게 이해받지 않아도 돼. 의심받을까 두려워하기 전에, 나부터 나를 믿어 보자." 그렇게 루는 마음속 감옥의 문을 조심스레 열었습니다. 삶이라는 넓은 운동장을 향해 한 발자국 걸어 나왔습니다.
그리고 거울에 비친, 늘 움츠렸던 자신에게 속삭였습니다.

"미안해. 이제 너를 놓아줄게."
혼자 있는 걸 좋아하던 고라니 루는 그날, 비로소 자신과 화해하며 진정한 자유를 얻었습니다.

에필로그(Epilogue): 마음의 감옥과 자유의 열쇠

누군가의 의심, 누군가의 시선은 때로 단단한 쇠창살이 된다. 그러나 가장 견고했던 감옥은, 내가 만든 마음의 감옥이었다.
상처받지 않기 위해 먼저 물러났고, 스스로 사랑받을 수 없다는 부정적 감정의 틀을 짜고 그 안에 들어앉았다.
나는, 조금씩 나다움을 잃어 가고 있었다. 그러다 문득, 아주 오랜 침묵 끝에 내 안에서 일어난 작은 속삭임을 들었다.

"괜찮아. 그만 애쓰자. 더는 증명하지 않아도 돼." 그 말 한마디에 마음의 문이 열렸다.

얼마나 많은 날들을 억울함에 침묵하며, 두려움 속에 나를 감추며 버텨 왔던가.

남의 말에 무너졌고, 남의 기대에 나를 꿰어 맞추며 살아왔다.

그러나 이제는 안다. 누구의 허락도, 기준도 없이 나는 나로서 살아갈 수 있다는 것을…… 시선에 움츠리지 않고, 비난에 흔들리지 않고, 진심을 꺼내 보여 줄 수 있는 사람이 되기로 했다.

닫아 두었던 마음의 문을 열고, 그 안에 웅크리고 있던 나를 조심스레 안아 올렸다.

부끄러움도, 두려움도, 지나온 상처를 향해 다정히 말해 주었다.

"잘 버텨 줘서 고마워.

이제는 자유롭게 살아도 괜찮아."

🔖 알약

"내가 변화할 수 있는 유일한 사람은 바로 나 자신이다." - 빅터 프랭클

"용서는 과거의 사슬을 끊고 자유를 향해 나아가는 열쇠다." - 루이스 B. 스미디스

"스스로 연 마음의 문이 닫히지 않는 한, 진정한 자유는 멀지 않다."

– 지소현

공감의 장

_____

_____

_____

5

마침내 울 수 있어서

 인간이 만물의 영장인 까닭은 분석하는 능력 때문이 아니라, 느끼는 영혼을 지녔기 때문이다. 살아 있는 한, 그 영혼의 바다는 끊임없이 출렁인다. 마치 지구의 70%를 덮은 진짜 바다처럼.
 그래서 사람의 가슴에도 감정의 오대양이 있다. 기쁨, 슬픔, 분노, 두려움, 혐오. 이 다섯 가지 감정이 서로 경계를 지키며 마음이라는 균형을 잡아 준다. 하지만 삶 속에서 어느 하나가 차고 넘치면, 눈물샘이 열린다. 그것은 창조주가 인간을 무너지지 않도록 마련해 둔 정교한 긴급 탈출구다.

 나는 가부장적인 문화 속에서 '남자는 울지 않는다'는 말을 들으며 자랐다. 남자의 눈물은 나약함이자 패배자의 백색 깃발로 여겨졌다. 그 믿음은 내게도 깊이 박혀 있었다. 여성이면서 남성 가장으로 살아가야 했던 나는, 눈물이 날 때면 얼른 강인한 아버지의 얼굴을 떠올리며 감정을 밀쳐냈다. 두 아들을 키울 때에도 이렇게 말했다.

"남자는 눈물이 나면 주먹을 꽉 쥐어야 해. 울면 지는 거야."

마흔을 넘긴 나이에 시작한 첫 직장에서 나는 매일 울고 싶었다. 컴퓨터 앞에 앉으면 손끝이 얼어붙었고, 낯선 서류 더미는 가파른 언덕처럼 버거웠다. 퇴근 후엔 젖은 솜처럼 무거운 몸을 이끌고 부엌으로 향했다. 단단하게 뭉친 눈물 덩어리를 끓는 냄비 속에 풀어 넣듯, 하루를 마감했다.

아이들에게 밥을 먹이고 나면, 다시 내일을 향해 손을 내밀었다. 전문 사회복지기관에서 '사무원'이라는 꼬리표를 떼어내기 위해 야간대학에 진학했고, 사회복지사 자격증도 취득했다.

틈틈이 쓴 글을 모아 『그때 그 시절 그 사람들』이라는 책을 엮었고, 문단에 데뷔하던 날 눈물이 났지만 참았다. 그렇게 울음을 꾹꾹 눌러 삼킨 세월 동안, 두 아들은 키 180이 넘는 건강한 청년으로 자라났다.

세상의 중심으로 조금씩 다가가던 어느 날, 나는 거울 앞에 선 나에게 물었다.

"너는 누구니?"

사업 실패 후 빚더미만 남기고 떠난 남편, 들끓는 속을 진정시키며 마주했던 채권자들, 고지서 하나에도 얼어붙던 심장, 언제 엇나갈지 몰라 긴장의 끈을 놓을 수 없었던 두 아들, 나이 어린 상사의 날 선 눈빛, 밤마다 찾아오는 고관절 통증까지….

어느 날, 잠이 오지 않아 앨범을 뒤적이다 친정 부모님과 찍은 어린 시절 사진을 발견했다. 그 순간, 울지 않고 버텨 낸 모든 시간이 거대한 풍랑처럼 밀려왔다. 나는 부모님의 여린 딸이었다. 남자처럼 강해지려는 허세를 부리는 동안 나도 모르게 위태롭게 일그러져 있던 감정의 테두리가 툭 끊어져 나가는 소리가 들렸다.

그날, 나는 마침내 울었다.

처음이자 마지막으로 터져 버린 폭풍 울음은 몸과 마음을 거짓말처럼 가볍게 만들었다. 수용의 한계를 넘으면 반드시 넘쳐야 한다는 창조주의 섭리가 회복을 가져온 것이다. 정말이지 늦게라도 인간의 본질에 대한 비밀을 알았으니 얼마나 다행인가. 존재 여부를 의심했던 신과의 대화를 튼 것이었다.

눈물이 약한 게 아니었구나

깊은 숲속, 모래산 기슭에는 오래전부터 단단한 등껍질을 가진 거북이가 살고 있었다. 거북이는 어릴 적부터 이런 말을 들으며 자랐다.

"거북이는 울면 안 돼. 눈물은 약한 짐승들이 흘리는 거야." 그래서 슬퍼도 꾹 참았고, 억울해도 등껍질 속으로 숨었다. 바람이 차가워도, 발등이 불에 델 듯 아파도 울지 않았다.

그 거북이는 새끼 두 마리를 등에 태우고 살았다. 힘이 들 때면 마음속 눈물 호스를 더 깊이 파묻었다.

그러던 어느 날, 모래 산에 큰비가 내렸다. 흙이 무너지고 나무뿌리가 드러났다. 거북이는 아이들을 감싸안고는, 속으로 외쳤다.

"안 돼, 지금도 울면 안 돼… 나는 견뎌야 해."

그 순간, 하늘에서 번개가 내려치며 커다란 나무가 쓰러졌다. 거북이의 등껍질이 갈라지며 오랜 시간 꽁꽁 얼려 두었던 눈물호스가 쏟아져 나왔다.

폭풍은 잠잠해졌다. 거북이의 눈물은 강이 되어 모래산 아래로 흐르기 시작했다.

그 강에는 목마른 동물들이 모여들었고, 시든 나뭇잎이 다시 푸르게 살아났다. 거북이의 새끼들도 그 눈물 강가에서 놀며 웃었다. 거북이는 알았다.

"눈물이 약한 게 아니었구나. 눈물은 마음을 씻고, 세상을 살리는 신의 지혜였구나."

그날 이후, 거북이는 슬플 때 눈을 감고 조용히 강가에 앉아 흘릴 줄 알게 되었다. 등껍질은 여전히 단단했지만, 마음은 훨씬 더 가벼워졌다.

에필로그(Epilogue): 눈물은 평화에 이르는 용기

울음은 결코 약함의 증거가 아니다. 억눌러 왔던 마음의 무게를 내려놓고, 자신과 세상 앞에 진실하게 서려는 용기다.

나는 오랫동안 감정을 감추며 천근만근 무거운 하루들을 견디는 데 익숙했다. 괜찮은 척, 아무렇지 않은 척, 마음속에 쌓아 둔 말들을 꾹꾹 눌러 담은 채 그저 버텨 내는 데 집중했다.

그러나 응축된 눈물을 흘리고 나서야 비로소 '제대로 서 있는 나'를 마주할 수 있었다. 눈물은 나를 부끄럽게 만들지 않았다. 오히려 삶의 무게를 조금씩 덜어냈고, 그 가벼워진 자리에 평온이 깃들었다.

눈물은 치유였다. 상처를 인정하고, 고요히 흘러나온 감정들이 나를 다시 살아가게 했다. 진정 눈물은 용기이며 이해였고 사람을 사람답게 만드는 힘이었다.

나는 오늘도 눈물샘에게 말을 건다.

'감정이 넘쳐 흐를 때, 나는 마음껏 울 것이다. 위선도 가면도 체면도 고귀한 진실 앞에서는 껍질에 불과하니까.'

💊 알약

"눈물이 없다면, 영혼은 무지개를 볼 수 없다." - 미국 속담

"가장 깊은 기쁨은 가장 큰 슬픔을 통과한 뒤에 찾아온다." - 칼 융

"눈물은 강한 마음이 쉴 수 있는 신성한 쉼터다." - 지소현

공감의 장

_____

_____

_____

6

다리 밑의 거지 내외

6·25 전쟁이 끝난 60년대였지만 삶의 전쟁은 여전히 끝나지 않았다. 굶주림과 병마, 슬픔이 골목마다 넘쳐흘렀다. 그 시절, 우리 마을 어귀 신작로에는 초가집 지붕 너비만 한 시멘트 다리가 하나 놓여 있었다.

일본군이 물자와 병력을 실어 나르기 위해 찻길을 만들 때 골짜기 물길을 가로막으며 놓은 다리였다. 그 시절 통나무 다리, 돌다리, 섶다리만 보았던지라 반듯한 시멘트 다리는 문명의 시대를 향한 예고편이었다.

비가 와야만 흐르는 개울 덕분에 다리 밑에는 거의 물이 없었다. 물 대신 드리운 시원한 그늘이 아이들에겐 소꿉장난의 공간이었고, 나그네에겐 숨을 고를 수 있는 쉼터가 되었다.

어느 늦은 봄날부터였다. 그 다리 밑에 한 쌍의 장애인 부부가 머물기 시작했다. 남편은 앞을 보지 못했고, 아내는 무릎 아래로 다리가 잘려 목발을 짚고 다녔다. 마을 사람들은 그들을 '거지 내외'라 불렀다.

깡통 하나 달랑 들고 마을을 돌던 그들. 그 깡통은 미군이 남기고 간 빈 통조림통에 구멍을 뚫어 철사를 꿰어 만든 것이었다. 눈먼 남편을 대신해 목발 짚은 아내가 깡통을 들었다. 그녀의 손목에 걸린 깡통은 껑충껑충 걸음을 내디딜 때마다 크게 흔들거렸다. 그래서 행여 밥과 반찬이 쏟아질까 봐 미처 차기도 전에 다리 밑으로 돌아가곤 했다.

봄이 가고 여름이 왔다. 어느 날 밤, 하늘이 뚫린 듯 장대비가 쏟아졌다. 번개가 산등성이를 내리치고, 골짜기마다 포효하는 물소리가 먹빛 어둠을 뚫고 들려왔다.

나는 잠결에도 다리 밑 부부가 자꾸만 마음에 걸렸다. 이튿날 새벽, 눈을 뜨자마자 신작로로 달려가 다리 밑을 내려다보았다. 아, 이럴 수가!

온 골짜기의 빗물이 다리 밑으로 모여 벌겋게 울부짖고 있었다. 사나운 물속에는 부부의 흔적조차 찾을 수가 없었다. 그리고 그날 이후, 누구도 다시는 그들을 보지 못했다.

일본군이 깔아 놓은 시멘트 다리 아래, 거지 부부가 움켜쥐었던 마지막 숨결과 배고픔은 어디로 흘러간 것일까.

때때로 그들을 잊지 못하는 나는 '복지'라는 말이 익숙한 세상에 살고 있다.

고단한 일상에서 나 자신이 비참해지는 외로운 밤이면 종종 그들을 위해 기도한다. 비록 내가 아는 영적 지식대로 그들이 천국에 이르지 못하고, 구천을 떠돈다 해도 상관없다.

기도는 하마터면 외다리가 될 뻔한 나의 불행이 위로받는 유일한 통로라서 그칠 수가 없다. 그래서 이런저런 말이 모자라는 시간에는 그들에 대한 기억을 비상금처럼 꺼내 쓰는 것이다.

다리 밑의 두 그림자 - 두 거북이 이야기

깊은 숲속, 흐르는 시냇물을 건너는 오래된 돌다리가 하나 있었어요.

그 돌다리 밑에는 두 마리 거북이가 살았어요. 한 마리는 앞을 볼 수 없는 눈 먼 거북이였고, 다른 한 마리는 한쪽 다리가 부러져 목발에 의지해야 했답니다.

매일 두 거북이는 숲을 돌아다니며 작은 빈 껍데기를 흔들었어요. 그 안에는 숲속 친구들이 나눠 준 열매 부스러기와 연한 풀잎이 담겨 있었지요. 두 거북이는 부족하지만 서로 나누며 버텼어요.

어느 해 여름, 하늘은 거세게 울기 시작했고, 강물이 불어나 다리를 덮쳤어요. 비가 그치고 햇살이 비치자, 두 거북이는 사라지고 없었어요. 다만 돌다리 밑에 빈 껍데기 하나만이 남아 그들의 이야기를 속삭이고 있었지요.

숲속 친구들은 두 거북이가 다시 돌아오길 기다렸지만, 그들은 다시 모습을 드러내지 않았어요. 다리 밑의 그 빈 껍데기는 서서히 숲속 전설이 되었답니다.

에필로그(Epilogue): 나는 깡통 대신 펜을 들었다

6·25 전쟁 이후, 이 땅은 깊은 상처를 안고 살아야 했다. 삶의 모든 자락이 무너졌고, 특히 장애를 입은 이들의 고통은 말로 다 헤아릴 수 없었다.

나라를 지키다 다친 상이군경들은 연필, 치약, 비누, 장갑 등을 팔았고, 민간인 장애인들은 생존을 위해 구걸을 할 수밖에 없었다. 국가도, 사회도, 이웃도, 가족도 그 누구도 그들의 손을 잡아 주지 못했기 때문이다.

나는 그 시절 장애인들을 아프게 기억한다. 아니, 어린 나였기에 장애인은 모두 빌어먹는 사람인 줄 알았다. 즉, 노동력을 잃은 육체는 아무것도 할 수 없다고 생각했고, 그런 세월이 계속될 줄만 알았다.

그러나 얼마나 다행인가.

나도 장애인인 한 사람으로서, 구걸하지 않고 살아갈 수 있음에 그저 감사할 뿐이다.

오늘의 풍요는 그들의 생존 위에 세워진 것이다. 나는 깡통 대신 펜을 들었다.

그들이 감내한 침묵의 시간을 기억하기 위해, 지금의 장애인들이 최소한의 인간다움을 보장받기 위해, 그리고 다시는 그와 같은 비극이 되풀이되지 않도록 경고하기 위해서다.

기억은 책임을 전제로 살아 있어야 가치 있는 것이다. 그래서 기왕지사 쓰는 글, 한 시대의 침묵과 아픔에 응답하는, 세세토록 남는 작가가 되고 싶다.

알약

"이 세상은 우리의 집이 아니다. 우리는 단지 지나가는 나그네일 뿐이다." - 빌리 그레이엄(Billy Graham)

"천국은 더 좋은 곳이 아니라, 하나님께서 계신 곳이기에 더 좋은 것이다." - 맥스 루케이도

"물살처럼 사라진 삶일지라도, 기억하는 이가 있다면 남아 있는 것이다." - 지소현

공감의 장

_____

_____

_____

제2부

생존의 현장

프롤로그

세상은 강자만의 무대는 아니었다.

작고 연약한 것들이 뭉쳐서 기적을 낳기도 했다.

그리고 그들의 신음이 신께 다다르는 사다리가 되는 것도 보았다.

진리를 찾아 고군분투하는 사람들에 의해서.

1

짝짝이라서 더 단단한

여성장애인 모임에서 만난 우리 열 명은 어느 순간부터 서로에게 거리낌 없이 '짝궁뎅이'를 드러내기 시작했다. 부끄러움도 수치심도 더는 필요 없었다. 그 끈끈한 연대감은 소아마비 장애를 가진 K의 한마디에서 비롯되었다.

어느 날, 그녀는 자신의 뒤태를 가리키며 웃듯 말했다.

"나, 궁뎅이 짝짝이야."

모두가 웃었다. 그런데 그 웃음은 단순한 농담에 대한 반응이 아니었다. 웃음 사이사이로, 울지 않기 위해 오래도록 삼켜 왔던 지난날의 아픔들이 스쳐 갔다. 각자의 짝짝이로 빚어진 불행의 조각들이 하나로 엮어지는 순간이었다.

'짝궁뎅이들의 모임'은 그렇게 시작되었다. 거창한 사명도 대단한 활동도 없었다. 우리는 그저 자주 얼굴을 마주했고 함께 나누는 대화가 즐거웠다. 때때로 소녀들처럼 옷가게에 몰려가 풍성한 하의 앞에서 농을 주고받았다.

"이건 너 궁뎅이에 딱이야!"

모두가 또 웃었다. 치마 주름이 한쪽만 어색하게 들떠도 개의치 않는다. 우리는 여성이며 장애인이고, 그럼에도 아름다움을 꿈꾸는 작은 혁명 집합체였다. 매끈한 라인도, 완벽한 핏도 불가능했지만 특별함으로 찾아낸 아름다움은 더없이 눈부셨다.

진취적인 성격의 B가 말했다.

"다른 데가 예쁘면 덜 무시당해. 그러니까 얼굴도 가꾸고, 옷도 화려하게 입자!"

그녀는 뉴욕 거리에서 의족을 드러내며 미니스커트를 입고 당당히 걷던 여성장애인의 이야기를 들려주었다. 그 모습은 우리가 잊지 못할 하나의 이미지가 되었다.

목발에 의지해 살아온 C도 거들었다.

"이렇게 솔직하게 말할 수 있다니… 우리 모임, 정말 멋진 거야."

온돌 식당에선 누가 어떤 자세로 앉든, 어디가 불편하다고 말하든 아무도 눈치 주지 않는다. 상대의 불편을 먼저 알아차리고 쿠션을 건네는 손길은 너무도 자연스럽다. 서로를 더 정직하게 끌어안는 모임이니까.

모임 이름을 듣고 저속하다고 흉을 보든, 킥킥 웃든 말든 상관없다. 우리는 세상을 비뚤어지지 않게 살아온 것만으로도 충분히 자랑스러우니까.

비대칭 궁뎅이 협회
(짝짝이여도 괜찮아, 우리는 오늘도 온전하게 살아간다)

숲속 작은 언덕 너머 풀밭에 이상한 이름을 가진 모임이 하나 있다. 이름하여, '비대칭 궁뎅이 협회'.

처음 듣는 이는 킥하고 웃지만, 이 협회의 회원들은 제법 진지하다. 이곳에 모인 동물들은 모두 엉덩이가 짝짝이다.

누구는 나무에서 떨어지다 한쪽 궁둥이에 혹이 생겼고, 또 누구는 태어날 때부터 한쪽 궁둥이가 작았다. 모두 다르지만, 그들은 서로를 따뜻하게 '짝궁뎅이'라 부른다.

어느 날, 회의 중 낙타가 말했다.

"사실 나는 등만 튀어나온 게 아니야. 엉덩이도 짝짝이라니까."

고슴도치, 토끼, 청설모, 심지어 두더지까지 튀어나와 깔깔 웃었고 숨어 있던 뱀도 킬킬 웃었다.

그런데 그 웃음은 그냥 웃음이 아니었다. 슬픔을 감추고 상처를 감싸 안은 오래된 삶의 웃음이었다.

그날 이후, 협회는 더 끈끈해졌다. 누구의 궁뎅이가 더 동그랗냐, 누가 양쪽을 더 고르게 흔드느냐 따위는 중요하지 않다. 진짜 중요한 건 짝짝이 궁뎅이로 꿋꿋하게 살아 냈다는 것이다.

모임 날이면, 다람쥐는 낡은 통나무 쿠션을 챙겨 오고 고슴도치는 가시를 조심스레 다듬는다. 누군가 "앗, 오늘은 오른쪽이 더 불편하네~"

하면 옆에 있던 짝궁뎅이가 말없이 등을 토닥였다.

가끔은 함께 나뭇잎 시장에도 간다. "이건 네 궁뎅이에 딱 어울릴 것 같아!"
"너, 엉덩이 오른쪽 곡선이 요즘 멋지다?"
모두가 웃는다. 서로의 다름을 농담처럼 주고받으며 끈끈한 위로를 나눈다.

거북이 할아버지가 말했다.
"궁뎅이는 몸의 중심이야. 그게 짝짝이라고 당당히 말하는 너희들은 마음이 비뚤어지지 않은 참으로 멋진 존재야."

세상은 여전히 매끈한 털, 반듯한 꼬리를 이야기하지만, 여기서는 다른 법칙이 통했다. 서로를 정직하게 따뜻하게 안는 법. 자기 몸을 창피하지 않아 하는 법이 세워졌다.

이름이 좀 우스워도 괜찮다. 그들은 찌그러지지 않고, 누구보다 멋지고 온전하게 살아가고 있으니까.

에필로그(Epilogue): 사람을 외모로 판단하지 말라

　가족에게조차 숨기고 싶었던 신체적 약점을 아무렇지 않게 꺼내놓을 수 있는 친구들이 있다는 건, 마음속 깊은 곳에 든든한 보약 창고를 품고 있는 것과 같다.

　그들과 마주 앉아 있는 순간, 만성처럼 짓누르던 우울감이 스르르 걷히고, 단단하게만 느껴졌던 대인관계의 벽도 조금씩 녹아내린다. 서로의 상처를 웃으며 이야기할 수 있을 때, 깊고 평안한 행복감이 흐른다.

　그러나 문득, 나 자신을 돌아보게 될 때가 있다. 혹시 타인의 겉모습만 보고 마음을 닫은 적 없었을까? 불완전함을 흠으로 여기며, 자격 없다고 판단을 내린 적 없었을까?

　물론 있다. 옷차림, 얼굴, 신체 사이즈, 그 사람에 대해 들은 학벌, 직업, 사는 곳, 집안, 배경, 사회적 위치까지……

　사람의 본질보다 외피를 먼저 보려 한 전과자인 것이다. 아마도 비장애인들이 절뚝이는 나를 보았을 때도 이와 비슷한 마음이 들지 않았을까.

　진정한 인격은 말끔히 다려진 옷이나 단정한 얼굴에 있지 않다. 온유한 마음 안에 깃들어 있다. 그래서 어디선가 또 다른 짝짝이 궁둥이들의 유쾌한 웃음꽃이 피어나기를 바란다. 그 웃음이, 주저앉은 누군가를 안아 일으키는 기폭제가 된다고 믿으니까.

🔴 알약

"가장 용기 있는 행동은 여전히 자신을 있는 그대로 사랑하는 것이다."
- 코코 샤넬

"당신 자신이 되세요. 다른 사람은 이미 있으니까요." - 오스카 와일드

"숨기는 것이 없을 때 단단한 연대가 된다." - 지소현

공감의 장

_____

_____

_____

2

날개옷이 된 수영복

신체에 대한 자신감이 부족한 장애인에게 수영복은 단순한 옷이 아니다. 그것은 곧 용기를 입는 일이다. 특히 여성장애인에게는 더욱 그러하다.

불균형과 상처가 얽힌 자신의 몸을 정면으로 마주해야 하니, 마치 생사를 건 수술실로 끌려가는 듯한 심정이 든다.

어느 날, '짝궁뎅이 모임'에서 누군가 농담처럼 던졌다.

"우리 수영장에 한번 가 볼까?"

그저 웃자고 한 말이었지만, 금세 의기투합해 실행에 옮겼다.

난생처음 떼를 지어 수영복 매장에 들어섰다. 어색한 표정을 애써 숨기며 서로의 눈치를 보며 사이즈를 가늠했다. 당당하게 신체를 드러내고 있을 사람들을 떠올리며 스스로 물러나 있던 수영장이 아니던가. 그 '금지구역'에 들어서는 모험을 하다니! 우리는 전쟁에 참여하는 용사의 심정으로 그곳에 들어섰다. 그리고 서로서로 도우며 수영복으로 갈아

입었다.

"물은 모두를 공평하게 품어 줘요."

강사의 이 한마디가 용기의 불씨를 지폈다. 우리는 물장난 같은 발차기를 따라 하고, 숨 고르는 호흡을 익혔다. 작은 동작마다 웃음꽃이 피어났다.

다음 날엔 킥판에 몸을 맡기고 물 위에 엎드려 두 팔을 길게 뻗어 물살을 가르는 법을 배웠다. 새로 배우는 몸놀림이 움츠러들었던 자존감을 조금씩 일으켜 세웠다.

그리고 한 가지 뜻밖의 사실을 알았다. 수영장 안의 비장애인들은 우리를 구경거리로 보지 않았다. 오히려 땅 위를 걸을 때가 더 불편했던 것 같다. 모든 걱정이 결국 쓸데없는 기우였음을 깨달았다.

한 달쯤 지나자, 누가 먼저랄 것도 없이 수영복 차림으로 거울 앞에 서기 시작했다. 이전에는 흉터라 생각했던 자국들이 이제는 살아남은 증표로 다가왔다. 숨기고만 싶었던 짝짝이 다리와 짝짝이 궁덩이는 부끄러움이 아닌, 내 몸의 당당한 일부였다.

한 친구가 눈가를 붉히며 말했다.
"나는 내가 자랑스러워. 너도 그렇지?" 나도 눈시울이 뜨거워졌다.

수영은 우리에게 해방이었고, 회복이었다. 몸과 마음을 옭아매던 굴레를 스스로 벗어던진 혁명이었다. 그래서 평생 입지 못할 줄 알았던 수영복은, 평등을 향해 나아가는 우리의 날개옷이 되었다.

반짝이는 비늘옷

깊은 숲속, 맑은 연못이 있었다. 그곳엔 몸이 불편하거나 상처가 있는 동물들이 모여 서로를 의지하며 살았다. 다리가 짧아 멀리 뛰지 못하는 다람쥐, 깃털이 빠져 듬성듬성한 까치, 꼬리가 반쯤 잘린 청설모, 뿔이 한쪽만 자란 사슴, 발목이 약해 자주 넘어지는 고라니까지….
이들은 스스로를 '삐뚤이 모임'이라 부르며 부족한 마음을 서로 기댔다.

어느 날 까치가 연못가 바위 위에 앉아 깔깔 웃으며 말했다.
"우리 연못에서 수영 연습해 볼래?"
사슴이 살포시 고개를 들었다.
"진짜 해 볼까? 연못 물은 누구든 따뜻하게 안아 주잖아."
고라니도 용기를 냈다.
"한 번쯤은… 해 보자. 비늘옷도 입고!"
비늘옷은 물속에서만 입는, 전설적인 용기 옷이었다. 그동안 '삐뚤이 모임' 누구도 입어본 적이 없었다. 몸을 드러낸다는 두려움 때문이었다.
하지만 그날, 그들은 처음으로 연못가에서 서로에게 비늘옷을 입혀 주었다. 고라니는 힘없는 다리를 조심조심 비늘로 덮고, 사슴은 삐뚤어진 뿔 대신 반짝이는 물비늘로 자신을 감쌌다.

"물은 누구든 품어 준다."

연못을 지켜 온 거북 선생님이 말했다. 다람쥐가 작은 발로 물장구를 치자 까치가 날개 끝으로 파문을 그렸다. 청설모는 연잎에 몸을 싣고 허우적대며 웃음을 터뜨렸다. 사슴과 고라니는 발차기를 배우며 물살에 몸을 맡겼다.

며칠 뒤에는 모두가 연못 한가운데까지 나아갔다. 물결은 누구 하나 차별하지 않았다.

한 달쯤 지나자 사슴이 거울처럼 맑은 연못에 비친 자신을 바라보며 말했다.

"나는 내 뿔이 자랑스러워. 사는 동안 굽어졌지만 나를 지켜 준 뿔이잖아."

고라니도 수줍게 웃었다.

"나도 내 다리가 좋다. 조금 약해도 물속에서는 누구보다 빠르거든!"

삐뚤이 모임은 서로의 어깨를 토닥였다. 그제야 깨달았다. 비늘옷은 두려움을 벗고 자유를 입는 진짜 날개옷이었다는 것을.

마침내 숲속 친구들은 처음 맛보는 행복감에 취해 천국의 주인 같은 시간을 보내기도 했다.

에필로그(Epilogue): 몸을 긍정한다는 것

세상은 사람의 가치를 신체라는 잣대로 가늠한다. 그 기준에서 벗어난 몸은 점차 침묵을 강요당하고, 존재의 의미마저 작게 축소되곤 한다. 그러나 나는 그 침묵 너머에서 마침내 목소리를 냈다.

'몸은 결코 설명되어야 할 대상이 아니다. 고귀한 생명이자, 단 한 번뿐인, 누구도 대신할 수 없는 하나의 우주다.' 내 몸은 기억을 간직한 도서관이며, 자신만의 빛을 지닌 별이다. 어찌 외형만으로 그 존엄을 가늠할 수 있겠는가.

상처 입은 껍질을 나는 부끄러워하지 않기로 결심했고, 기꺼이 내 삶의 중심에 서 있다. 그래서 '날개옷이 된 수영복' 이야기를 내놓는 것이다.

부디 우리가 꿰어 입은 수영복이 세상을 향한 깃발이 되기를 바라면서. 수시로 다짐한다.

"나는 나의 몸을 긍정한다.
나는 나의 존재를 존귀하게 여긴다.
나는, 살아 있는 지금 이 순간으로 충분하다."

💊 알약

"당신의 한계는 당신이 스스로 정하는 것이다." - 헬렌 켈러

"나는 내 상처를 숨기지 않는다. 그것은 내 용기와 생명의 증거이다."
- 마야 안젤루

"상처를 펼치는 용기가 타인을 품는 날개가 될 때가 있다." - 지소현

공감의 장

_____

_____

_____

3

장독대 뒤의 봄날

　장독대 위 항아리의 숫자가 그 집의 빈부 척도였던 시절이었다. 햇살이 잘 드는 우리 집 마당 가 장독대에는 크고 작은 항아리들이 줄지어 있었다. 동네 아낙네들은 그 장관을 부러워하곤 했다. 하지만 내게 그곳은, 나의 존재를 숨죽여 감춰야 했던 쓸쓸한 장소였다.

　나는 여섯 남매 중 막내였고, 세 살 무렵 소아마비를 앓았다. 오른쪽 다리는 왼쪽보다 가늘고 짧았으며 밖으로 휘어져 있었다. 비틀비틀한 걸음보다 더 힘들었던 건, 동정과 민망함이 섞인 주변 시선이었다.
　여덟 살이 되던 어느 봄날, 엄마는 아침부터 분주했다. 시장에서 고기를 사 오고, 화로에 숯을 피워 전을 부치며 땀을 뻘뻘 흘렸다. 도회지 안경점에서 일하던 큰언니가 남자친구를 데려오는 날이었다. 엄마는 들뜬 얼굴로 말했다.
　"우리 집에 복덩이가 온다." 그 말에 웃음이 배어 있었다.

그러던 오후 서너 시 무렵, 엄마가 조용히 내게 속삭였다.

"막내야, 한두 시간만 장독대 뒤에 좀 가 있을래? 손님 오잖아." 언니 혼사를 망칠까 걱정하는 마음이 묻어나는 목소리였다.

나는 묻지도 따지지도 않았다. 성치 않은 다리를 끌며 마당을 건넜다. 기름 냄새가 코끝을 간질였고, 집 안에서는 웃음소리가 끊이지 않았다. 나는 장독대 뒤에서 다 같이 움직이는 바닥의 개미를 바라보았다.

그때 처음으로 생각했다. 나는 부모님께 어떤 자식일까. 함께 살지만 함께하지 않아도 되는 애물단지? 제외당하는 것에 익숙해진 짐덩어리?

시간은 흘렀고, 언니는 그 남자와 결혼했다. 놀랍게도 그날 나를 숨기려 했던 가족들과 달리, 언니의 남편은 막내 처제인 내게 누구보다 다정하고 살뜰했다.

내 나이 예순을 훌쩍 넘긴 지금까지도 말이다.

지금은 내가 90대의 어머니와 함께, 그 시절의 이야기가 고스란히 깃든 집을 지키고 있다. 장독대는 치워졌고, 그 자리에 빨간 장미가 흐드러지게 피는 화단이 들어섰다. 나는 그 꽃그늘 아래 앉아, 장독대 뒤에 숨어 있던 어린 시절의 나를 떠올리곤 한다.

그날, 나는 왜 숨어야 했을까?

이제는 나보다 걸음이 훨씬 불편해진 어머니가 흐릿한 시선으로 나를 바라본다. 답할 수 있는 유일한 사람이 어머니라 해도, 나는 직접 묻지 않기로 했다. 속을 끓이며 의미를 되묻지 않아도 되는 나이에 이르

렀기 때문이다.

아니, 어쩌면…

마당을 가로지르지도 못하는 어머니의 쇠락한 다리가, 나를 가장 사랑하는 자식으로 꼽으며 하늘나라에 갈 것이라는 믿음 때문이다.

항아리 뒤의 작은 거북이

옛날 옛적, 볕이 잘 드는 언덕 위에 항아리 마을이 있었습니다.

그 마을에는 크고 단단한 항아리들이 줄지어 서 있었고, 그 항아리 속에서는 된장과 간장, 고추장 같은 맛있는 양념들이 익어 갔습니다.

이 항아리들은 마을에서 가장 귀한 재산이었고, 항아리 숫자가 그 집의 자랑이었습니다.

항아리 마을 가장자리에는 다리 하나가 짧은 작은 거북이가 살고 있었습니다. 그는 다리가 불편해 느리게 걷고, 종종 몸이 기울기도 했지만, 누구보다 따뜻한 마음을 지닌 아이였습니다.

그 거북이는 여섯 마리 남매 중 막내였고, 온 마을을 웃게 만드는 미소를 가지고 있었지요.

어느 봄날, 거북이네 집은 특별한 손님을 맞을 준비로 바빴습니다.

도시에서 일하던 큰언니 거북이가 번쩍이는 등껍질을 가진 멋진 도마뱀 신랑감을 데려오는 날이었거든요. 엄마 거북이는 부지런히 버섯전을 부치고, 꽃잎차를 끓이며 말했습니다.

"우리 집에 복덩이가 온다! 큰언니 잘되면, 모두 잘되는 거야."

그런데 해가 중천을 지날 무렵, 엄마 거북이는 조심스레 작은 거북이에게 다가왔습니다.

"막내야, 오늘만… 오늘만큼은 항아리 뒤에 좀 숨어 줄래? 손님 오잖니."

작은 거북이는 말없이 느릿느릿 성치 않은 다리를 끌며, 햇살이 닿지 않는 항아리 뒤로 물러났지요.

그곳은 조용하고 서늘한 곳이었습니다. 항아리 사이로 개미 떼가 지나가고, 바람에 흔들리는 풀잎이 작은 그림자를 만들었습니다. 작은 거북이는 그 속에서 처음으로 자신을 떠올렸습니다.

'나는 왜 숨겨져야 할까?'

그 후에 큰언니는 도마뱀 신랑과 결혼을 했습니다. 그런데 놀랍게도, 반짝이는 도마뱀 신랑은 누구보다 막내 거북이를 아끼고 따뜻하게 대해 주었습니다. 그는 말했습니다.

"넌 이 집에서 가장 용감한 아이야."

세월이 많이 흘렀습니다. 항아리들은 모두 치워지고, 그 자리엔 빨간 장미가 피는 작은 정원이 생겼습니다. 작은 거북이는 이젠 늙은 어미 거북이와 단둘이 살고 있습니다.

어미 거북이의 등껍질은 이젠 부서질 듯 얇고, 다리는 오래된 나뭇가지처럼 마르고 힘이 없습니다. 그녀는 흐린 눈으로 작은 거북이를 바라보며 말없이 미소 짓습니다. 작은 거북이는 그 미소 속에서 묻지 않은 질문에 대한 답을 찾습니다. 그리고 생각합니다.

'아마도 엄마는 나를 가장 사랑하는 자식으로 가슴에 품고 있겠지.'

에필로그(Epilogue): 상한 갈대를 꺾지 아니하며

한때, 장애는 저주의 징표로 여겨졌다. 전생의 업이거나 조상의 죄 때문이라는 편견에 묶여, 가장 가까운 사람들조차 외면했고, 오랜 세월 사회의 가장자리에서 배제되어 살아야만 했다.

심지어 사람과 사람 사이의 모욕과 경멸의 말들은 장애인을 빗대어 표현되었다.

절름발이, 귀머거리, 소경, 병신…

얼마나 무자비한 언어였던가. 그것은 어쩌면 우리 내면 깊은 곳의 부끄러움과 두려움을 역으로 뱉어내는 행위였는지도 모른다.

부모들은 새로운 만남 앞에서 자녀의 장애를 숨기기도 했으며, 쓸모없는 존재로 여겨 정서적 학대를 가하기도 했다. 그리고 인간으로서 무엇을 이룰 것이라는 기대조차 하지 않는 냉혹함도 있었다.

나는 그런 비정한 사례들을 똑똑히 보았고, 이 이야기를 써 내려가는 동안 수없이 눈물을 삼켰다.

그러나 묻고 싶다. 과연 장애 없는 이들만이 온전한 존재인가. 누구에게나 감추고픈 상처가 있으며, 인격적으로도 불완전하지 않은가. 진정 사람이 사람을 차별하고 내친다는 것은, 사람이 할 짓이 아니라고 믿는다.

문득 성서의 한 구절이 떠오른다.
"상한 갈대를 꺾지 아니하며, 꺼져 가는 심지도 끄지 아니한다"는 그 말씀…
그저 세상 언제 어디서나 존중의 마음이 가득하기를 기도할 뿐이다.

알약

"빛은 언제나 어둠을 뚫고 들어온다. 우리가 해야 할 일은, 눈을 감지 않는 것이다." - 헨리 나우웬(영성 신학자)

"우리가 누구인지 이해하려면, 우리가 겪은 아픔 속에서 무엇을 배웠는지를 바라보아야 한다." - 오프라 윈프리

"상처까지도 소중한 나임을 깨달아야 삶의 완성을 이룰 수 있다." - 지소현

공감의 장

4

당신은 우리의 발이 될 수 없다

그가 포함된 모임이 있던 날, 장애 유형별 회장들은 박수를 쳤다. 하지만 꺼림칙함과 침묵이 섞여 있었다. 그는 비장애인이었고, 전설 속 장수처럼 건장했다. 그런 그가, 인류 역사 이래 가장 연약한 집단의 대표가 된 데는 이유가 있었다. 장애인을 돕는 조직이 있었는데 그들이 단체연합회에 포함되었기 때문이다.

그는 박력 있고 민첩했으며, 말투마다 칼날이 서 있었다. 하지만 아무도 그의 온유하지도 않고 자상하지도 못함을 지적할 용기가 없었다. 숨죽인 채 각자의 자리에서 눈빛만이 교차했다. 그렇다. 그는 비장애인, 우리의 고통을 알 수 없는 타자였다.

"장애와 무관한 삶을 살아온 저지만, 여러분의 아픔을 누구보다 깊이 이해합니다." 그의 말은 언제나 달콤했다. 평등과 복지를 외쳤으나 시선은 차갑고 마음은 닫혀 있었다. 속내는 냉혹한 권력의 맛을 탐하는 것으로 느껴졌다. 어떤 행사에선 자신을 구원자인 양 세우기까지 했다.
"장애인은 스스로의 벽을 허물어야 합니다."

행정기관 관계자나 지역사회 의원, 영향력 있는 지도자들이 모인 자리에서 이렇게 외쳤다. 마치 우리가 게으르고 무기력한 죄인인 양 말이다. 모르는 사람들은 그의 영웅담을 찬양했고, 그는 찬사를 왕관처럼 썼다.

그는 단체 내 모든 권한을 쥐고, 자신의 입맛에 맞는 사람만 곁에 뒀다. 반대 의견마다 철저히 배제하고 억압했다. 서서히 크고 작은 장애인 행사장들은 그의 연극 무대가 되었다. 심지어 휠체어 접근 공간이 사라진 장애인의 날 행사도 있었다. 우리는 눈앞에서 우리의 권리가 도둑맞는 걸 그저 지켜볼 수밖에 없었다.

어느 날, 키 작은 중증장애인 회장이 단호하게 말했다. "회장님, 우리는 당신이 필요하지 않습니다. 우리의 목소리를 굴절시키지 않는 리더를 원합니다."

그는 아이처럼 웃었다. 반항하는 꼬마를 보는 듯한 조롱 섞인 미소였다. 하지만 그 미소는 오래가지 않았다. 몇 달 뒤, 단체는 두 개로 갈라졌다. 그의 휘하에 남은 단체와, 자신의 문제를 당당히 주도하는 단체로 말이다.

그와 맞선 키 작은 중증장애인 회장은 말했다.

"실수하고 넘어져도, 그건 우리의 발자국을 남겨야 할 길입니다. 언젠가는 스스로 걸어야 하는 사람들이기 때문입니다."

그리고 그를 향해 말했다.
"당신은 좋은 사람이었을지 모릅니다. 하지만 당신은 우리의 발이 될 수 없습니다."

사자의 가면을 쓴 늑대

깊은 숲속, 풀 먹는 약한 동물들이 모여 사는 평화로운 들판이 있었다. 토끼, 다람쥐, 사슴, 들쥐까지 서로 의지하며 살던 그곳에, 언젠가부터 늑대가 들어왔다.

그 늑대는 어느 날 사자의 가면을 쓰고 나타났다.
"나는 너희를 지켜 줄 사자다. 나만 믿으면 너희는 누구에게도 밟히지 않을 것이다."

늑대는 그렇게 큰 목소리로 약한 짐승들을 감싸는 척했다. 풀 먹는 동물들은 처음엔 수군거렸다. '저건 사자가 아니라 늑대잖아!'

하지만 누군가는 용기를 내어 말하지 못했다. 그의 송곳니가 너무도 번들거렸기 때문이다.

늑대는 이곳저곳을 뛰어다니며 약한 짐승들을 대신해 목소리를 내 준다고 떠들었다. 그 목소리는 언제나 우렁찼고, 그 발걸음은 늘 재빨랐다. 그럴수록 작은 동물들은 점점 제 목소리를 잃어 갔다.

어느 날 큰 행사가 열렸다. 숲의 모든 짐승들이 모였다. 하지만 들판 가장자리엔 연약한 다람쥐 무리가 발을 디딜 자리가 없었다. 그때, 허름한 굴에서 기어 나온 몸 약한 고슴도치 한 마리가 늑대 앞에 섰다.
"늑대님, 당신은 사자가 아닙니다. 그리고 우리는 사자가 필요하지 않습니다. 우리는 작고 느려도, 스스로 걷고, 스스로 울고, 스스로 말할 것입니다."

늑대는 히죽 웃었다.
"네가 뭘 할 수 있겠니? 내가 없으면 너희는 다시 맹수의 밥이 될 거야."
그러나 고슴도치는 주저앉지 않았다.
"우리는 실수해도 좋습니다. 넘어져도 좋습니다. 그게 우리의 발자국이니까요. 늑대님, 당신은 우리의 다리가 될 수 없습니다."

그 뒤로 작은 동물들은 더 이상 늑대의 그늘을 빌리지 않았다. 함께 부딪히고, 조금씩 길을 내며, 낯선 길에서도 서로를 부축하며 나아갔다. 사자의 가면을 쓴 늑대는 더 이상 그들에게 필요하지 않았다.

에필로그(Epilogue): 진정한 자유는 책임을 받아들이는 것

인간은 본디, 성장하고자 하는 갈망을 지닌 존재다. 그 성장은 인간관계에서 비롯된다. 따라서 어느 순간, 삶의 우위에 서게 된 자들은 연약한 구성원들의 온전한 성장을 돕는 존재가 되어야 한다. 모든 결정을 대신하고, 상대의 손에서 삶의 주도권을 빼앗는 것은 돕는 것이 아니라, 성장판을 제하여 버리는 일이다.

누군가는 능력을 명분 삼아 앞에 서고, 누군가는 선의를 휘감은 권력으로 타인의 삶을 재단한다. 그리고 또 누군가는, 침묵 속에 묻힌 채 자신의 권리가 천천히 지워지는 것을 바라볼 수밖에 없다.

하지만 진실은 늘 가장 낮은 곳에서 피어난다. 비틀거리는 걸음이지만, 자신의 발로 내디딘 그 한 걸음이 세상의 방향을 바꾼다. 넘어진 자리를 부끄러워하지 않고, 상처 입은 채로도 당당히 말하는 이들이 변화를 이끄는 것이다.

거듭 말하지만 도움은 결코 지배여서는 안 되며, 대신 살아 주는 일이 아니다.

서로의 어깨가 되고, 그림자가 되고, 바람막이가 되는 비장애인과 장애인의 세상,

그 안에서 우리는 비로소 함께 서 있는 삶을 완성해 나갈 것이다. 진정한 자유를 누리며 책임을 온전히 받아들이는 인간사의 법칙대로.

🔴 알약

"사람의 권리를 빼앗는 것은, 가장 큰 부당함이다." - 에이브러햄 링컨

"자유는 스스로 찾지 않는 사람에게는 결코 주어지지 않는다." - 프레드릭 더글라스

"진정한 리더는 발맞춰 걸어가며 넘어지지 않도록 잡아 주는 자다."
- 지소현

공감의 장

_____

_____

_____

5

생존을 사랑이라 믿으며

가을볕이 스미던 어느 날, 복지관 앞 벤치에 나란히 앉아 있던 언니가 말했다.

"나는 남편을 사랑해서 결혼한 건 아니야. 그 사람이 착해서 결혼했지. 나 같은 여자를 버리지 않을 것 같아서."

뜻밖의 고백에 나는 아무 말도 할 수 없었다. 나도 그러니까.

다리가 성치 않은 우리 둘은 같은 마을에서 자랐다. 언니는 나보다 여섯 살 많았고, 화전을 일구던 집안의 일곱 남매 중 맏이였다. 첫돌 무렵 앓은 소아마비로 왼쪽 다리를 심하게 절었다.

나는 여덟 살 무렵, 다리를 앓고 누워 있었고 소녀였던 언니는 수시로 찾아와 말벗이 되어 주었다. 언니네 집과 우리 집 사이엔 개울이 있었다. 그 개울에 놓인 돌다리를 아슬아슬하게 오갔던 언니! 아마도 동병상련이었으리라.

그러다 내가 읍내 중학교에 진학하고, 스무 살이 넘은 언니는 도회지에 사는 고모의 중매로 시집을 갔다. 그렇게 헤어진 뒤 이십 년이 훌쩍 지나도록 서로 소식을 몰랐고, 내가 마흔이 넘어 장애인 복지관에서 일하게 되면서 다시 만났다. 직원과 이용자로의 재회였지만, 함께한 어린 시절 덕분에 마음을 터놓고 의지할 수 있었다.

우리는 늘 스스로를 저평가했다. 결혼도 상대를 고른다기보다는 체념에 가까운 선택을 했다. 생김새도, 직업도, 형편도 따지지 않았다. 나를 떠나지 않을 사람, 나를 욕하지 않을 사람, 불쌍해서라도 곁에 있어줄 사람이라면 그설 사랑이라 믿었다. 아니 사랑이라는 이름을 억지로라도 붙였다. 그래야 남들과 같아질 수 있었으니까.

언니는 결혼 후 아들을 낳았으나 현실은 평범하지 않았다. 무능한 남편과 장애인 엄마 사이에서 자란 아들은 너무 일찍 철이 들었고, 부모와의 대화를 피하며 식사조차 함께하지 않았다. 상급학교에 진학하자 집에 늦게 들어오기 일쑤였고, 결국 동네에서 소문난 말썽꾸러기가 되었다. 그리고 지금은 아무도 믿지 않는 청년으로 자라 있었다.

'장애인이 왜 애를 낳았대.'
뒤에서 수군거리던 사람들이 떠올랐다. 언니는 나를 바라보며 조용히 물었다.
"우리가 잘못 산 걸까?"
무능하지만 착하기만 한 남편이었어도, 절박한 마음으로 붙잡았던 마지막 희망이 결혼이었다. 여자로 태어나 짝을 만나지 않으면 안 됐던 그 시절, 불모지라도 정착지가 필요했던 우리였으니까.

"아니야, 언니. 우리는 누군가의 엄마였고, 아내였고, 견디는 사람이었어."

사랑 없는 결혼이었지만, 욕심 없이 양심껏 살아온 날들이 충분히 가치 있다고 말했다. 그리고 지금은 빗나간 아들이지만 언젠가는 제자리로 돌아올 거라며 언니를 위로했다.

"험난하고 외로웠지만, 그래도 한 번쯤은 웃었던 날이 있었잖아. 아이를 키우면서… 그러니 앞으로도 분명히 웃을 날이 올 거라고 믿고 잘 버티자."

아들이 또 다른 마지막 버팀의 이유가 된 것이다. 우리는 엄마였으니까 그것으로 충분하다 믿기로 한 것이다.

견디는 사랑

가을볕이 숲을 노랗게 물들이던 어느 날, 오래된 떡갈나무 아래 다람쥐 리와 누리가 마주 앉아 도토리를 다듬고 있었다. 침묵을 깨고 누리가 불쑥 말을 꺼냈다.

"나는 남편을 사랑해서 짝이 된 건 아니야. 그 다람쥐가 착했거든. 나 같은 다람쥐를 버리지 않을 것 같아서." 리의 앞발이 멈칫했다. 리도 그러했으니까.

리와 누리는 같은 숲에서 태어났다. 누리는 리보다 여섯 계절 먼저 태어났고 나무에서 떨어져 다리를 다쳤다. 리는 다리에 알 수 없는 병이 들어서 풀숲에 누워 지내는 날이 생겼다.

두 다람쥐 사이엔 좁은 개울이 있었고, 누리는 위태로운 돌다리를 수없이 건너와 리와 말벗이 되어 주었다. 그러다 리는 도토리 학교에 진학하게 되었고, 누리는 먼 숲으로 시집을 갔다.

시간이 흐르고 서로를 잊고 지낸 어느 날이다. 숲의 복지 나무에서 일하게 된 리와 도움을 받으러 온 누리가 극적으로 만났다. 그들은 예전처럼 다시 마음을 터놓았다.

그들은 자신을 언제나 작고 부족하다고 여겼다. 그래서 털빛도, 도토리 저장 능력도, 나로 지은 집의 크기도 따지지 않고 짝을 골랐다. 그렇게라도 남들과 같아지고 싶었으니까.

누리는 아기를 낳았다. 하지만 무능한 남편과, 다리를 절고 도토리를 충분히 모으지 못하는 엄마 사이에서 아기는 숲속의 말썽꾸러기가 되었다.

누리가 "우리가 잘못 산 걸까?" 리를 바라보며 물었다.

리의 마음이 일렁였다. 사랑은 없었지만, 정직하게 도토리를 나누고 살았다.

"아니야, 누리야. 우리는 엄마였고, 아내였고, 건디는 다람쥐였어. 앞으로도 분명히 그런 날이 올 거야."

온전한 가족 사랑이라 말할 수는 없었지만 그래도 엄마였으니까. 그것만으로도 충분하다고 위로했다.

에필로그(Epilogue): 진짜 사랑

때로 사람은 삶의 무게를 견디기 위해, '이것이 사랑이다'라고 스스로를 속이며 살아간다. 그러나 장애 여성에게 사랑은 선택이기보다, 생존을 위한 방편으로 주어진 굴레일 때가 많다. '견딤'이라는 말로 포장된 그들의 일상은, 말로 다 할 수 없는 고단함과 아픔을 품고 있다.

특히 장애 여성은 비장애 여성보다 훨씬 높은 확률로 가정폭력의 피해자가 된다. 이는 사회적 인식의 한계뿐 아니라 가족 구성원 개개인의 미성숙함에서 비롯되기도 한다. 이혼 이후 자녀 양육의 책임도 대부분 장애 여성에게 전가된다.

나 역시 그랬다. 시누이가 셋이나 있었지만 "우리 집같이 좋은 시댁이 어디 있냐"는 말만 들었고, 남편이 사업 실패 후 사라진 뒤엔 홀로 두 아들을 키워야 했다. 다른 장애 여성들의 사연도 다르지 않았다. 능력 있는 배우자를 만났더라도, 이별의 순간에는 어김없이 자녀 양육의 책임이 그녀들에게 전가되곤 했다. 비장애 여성과 새출발을 하겠다며 아이를 '걸림돌'이라 부르는 남편도 있었다.

그렇다면 진짜 사랑은 무엇인가. 장애 여성으로서 단 한 번도 온전히 경험해 본 적 없는 그 사랑이라는 거대한 명제를, 나는 신앙 안에서 비로소 마주하게 되었다.

비록 내가 져야 할 짐이 사라진 것은 아니지만, 그것을 감당할 수 있도록 어깨를 내어 주는 존재, 창조주께서 나의 의지처가 되어 주셨다.

"너희가 환난을 당하나 담대하라, 내가 세상을 이기었노라."(요한복음 16장 33절)

"눈물을 흘리며 씨를 뿌리는 자는 기쁨으로 거두리로다."(시편 126편 5절)

누군가는 나를 광신도라 비웃을지 모른다. 그러나 절대적인 사랑이 나를 지탱하고 있기에, 남은 생이 더는 외롭지 않을 것 같다.

💊 알약

"우리는 큰 일을 할 수 없지만, 작은 일을 큰 사랑으로 할 수 있습니다." - 마더 테레사

"인생에서 가장 용감한 일은 여전히 희망하는 것이다." - 루이스 브랜다이스

"상처 위에 피어난 모성은 불멸의 생명이다." - 지소현

공감의 장

6

여버리 여사

  6·25 전쟁이 끝난 뒤, 폐허가 된 땅 위에서 사람들은 허기진 배를 부여잡고 다시 삶을 일구어야 했다. 그러나 전쟁은 잿더미가 된 터전만큼이나 사람들의 마음까지도 처참하게 무너뜨려 버렸다. 깊은 산골 작은 마을에도 참혹한 흔적은 고스란히 배어 있었다. 내 기억 속에 가장 오랫동안 머물러 있는 광경은 '여버리'라 불리던 한 여인이다.

  여버리에게는 집도, 가족도 없었다. 어디서 흘러들어왔는지, 누구의 딸이었는지조차 아무도 알지 못했다. 마을 사람들의 인심에 기대어 밥 한 숟가락 얻어먹고 떠돌아다니며 겨우 목숨을 부지했을 뿐이었다. 밤이면 어른들은 낮은 목소리로 그녀의 사연을 읊조렸다.

  "남편이 전쟁터에서 죽고, 갓난아기마저 잃은 뒤로 정신이 돌아 버렸다지."

  그 말을 들을 때마다 어린 마음에도 알 수 없는 서늘함이 스며들었다. 하지만 우리는 너무 어려서, 신작로 가에서 여버리를 마주치기라도 하면 앞뒤 가리지 않고 소리쳤다.

"여버리~ 가오리~ 복순이~!"

아이들이 장단 맞춰 노래를 부르면 여버리는 히죽 웃어 보였다. 깊고 공허한 그림자가 어른거렸던 웃음! 사람들은 안쓰럽다며 혀를 찼다.

그러던 어느 겨울이었다. 까마귀조차 얼어 죽는 혹한이 마을을 덮친 밤, 여버리는 산모롱이 곳집에서 싸늘한 주검으로 발견되었다. 다음 날 아침, 마을 사람들은 거적으로 그녀의 몸을 감싸 바람이 덜 부는 양지바른 언덕에 묻어 주었다. 여버리는 오늘날로 치면 돌봄을 받지 못한, 가장 외롭고 가난한 1인 가구였다.

지금은 가난하고 외로운 사람의 마지막 숨결마저도 지키려는 제도와 손길이 곳곳에 있다. 국민이라면 누구나 최소한의 권리와 온기를 누릴 수 있는 나라! 까마귀조차 얼어붙던 그 겨울밤의 여버리 여사는 비극의 전설이 되었다.

많은 세월이 흘렀지만, 가끔 그에 대한 해빙되지 못한 내 안의 기억이 서늘한 바람이 될 때가 있다. 고독사 뉴스를 볼 때마다 그러한 것이다.

따듯한 숲의 약속

옛날 옛날, 깊은 산속 작은 숲에 토끼 가족들이 모여 살고 있었어요.

한때 큰불이 나서 숲이 까맣게 타 버리고, 풀과 열매가 모두 사라져서 토끼들은 배가 고파도 꾹 참고 살아야 했지요.

그 숲에 '횡설수설'이라고 불리는 할머니 토끼가 있었어요. 그는 늘 혼자였어요. 가족도, 집도 없었지요. 누구도 그가 어디서 왔는지, 왜 혼자가 되었는지 알지 못했어요.

어른 토끼들은 작은 소리로 수군거렸어요.
"불이 났을 때 새끼들을 잃고, 짝꿍도 잃어서 마음이 아픈 거라네…"
어린 토끼들은 숲길에서 '횡설수설' 할머니를 보면 뒤따라 다니며 놀렸어요.
"왔다리 갔다리~ 꼬질꼬질~ 귀가 너덜너덜~"
'횡설수설' 할머니는 히죽 웃어 보였지만, 그 웃음엔 쓸쓸한 바람이 숨어 있었어요.
마을 토끼들은 안쓰럽다며 한숨을 쉬었지만, 아무도 그 할머니를 자기 굴로 데려와 함께 살게 해 주지 못했어요. 모두가 너무 가난하고 힘이 없었거든요.

그러던 어느 추운 겨울밤이었어요.
눈보라가 세차게 몰아치고, 까마귀조차 얼어 죽을 만큼 무서웠답니다. 그다음 날, '횡설수설' 할머니는 바람이 스며드는 외딴 굴속에서 숨을 거두었어요. 마을 토끼들은 '횡설수설' 할머니를 양지바른 언덕에 곱게 묻어 주었어요.

그때부터 숲은 조금씩 달라졌답니다.

'우리가 조금만 더 따뜻했더라면… 그 할머니가 덜 외로웠을 텐데…'

그 뒤로는 아픈 동물이 있으면 도와주고, 굶주린 이에게는 풀잎과 열매를 나눠 주었지요. 누구도 다시는 홀로 차가운 굴에서 떠나보내지 않으려고, 토끼들은 마음을 모았답니다.

비록 '횡설수설' 할머니는 떠났지만, 그 숲에는 서로를 보살피고 다독여 주는 따뜻한 마음이 흐르게 되었답니다.

에필로그(Epilogue): 과제를 남기고 간 여버리 여사

여버리 여사의 삶은 전쟁이 남긴 불행한 상처였다. 무너진 마음과 흩어진 가족, 허물어진 삶의 터전은 어디나 있었다. 들은 바에 의하면 마을마다 여버리 여사 같은 이들이 한두 명쯤은 있었다고 한다. 아니, 도심에는 더 많았을지도 모른다. 하지만 사람들은 그것이 국가의 책임이라는 것을 생각조차 하지 못했다. 오직 모든 것을 개인의 불행으로만 여긴 무지한 시대였다.

그러나 지금도 여전히 굴속에서 떨고 있는, 또 다른 '여버리'들이 있다. 어쩌면 인간이라는 공동체가 존립하는 한. 여버리 여사의 삶은 영원한 과제가 아닌가 한다.

이해와 포용, 사랑이 있어야만 답을 얻을 수 있는….

아무리 풍요한 나라가 되었다 해도, 이름조차 알 수 없는 '여버리'들이 어디선가 고독과 싸우고 있을지도 모른다.

그래서 내 기억 속 까마귀 울음소리가 경고음같이 느껴질 때가 있다.

 알약

"눈물이 가장 깊은 상처를 씻고, 그 자리에 희망의 새싹을 틔운다."
- 알렉산더 스미스

"세상에서 가장 큰 병은 사랑받지 못한다는 고통이다." - 마더 테레사

"금이 간 마음과 조각난 삶이야말로, 세상의 체온을 가장 정확히 재는 온도계다." - 지소현

공감의 장

_____

_____

_____

제3부

보이지 않는 사슬

프롤로그

인간은 한 시대마다 서로서로 닮은 모습으로 살아간다.
문화라는 거창한 너울을 쓰고서.
그러나 때때로 경계가 헝클어지기 일쑤여서
같은 속도로 걸어가려는 노력이 필요한 것이다.

1

도움이라는 이름 아래

"우리 조카한테 직장을 하나 만들어 줘야지. 그래야 평생 걱정 없이 살 수 있지 않겠어?"

작은아버지가 그렇게 말씀하셨을 때, 나는 가슴이 뭉클했다. 고등학교 졸업 후, 집 안에서 천으로 소품을 만들며 지내던 내게 '직장'이라는 단어는 감히 가까이할 수 없는, 성지 같은 것이었다.

작은아버지는 아버지의 사촌 형, 나로 치면 오촌 친척이다. 동네에서 공인중개사 사무소를 운영하며 사업 수완이 좋다는 평을 듣는 분이었다. 어느 날 작은아버지가 구체적인 계획을 보여 주었다.

"장애인 직업재활센터를 하나 만들자. 정부에서 시설비랑 인건비도 지원해 줘. 넌 그냥 대표로 이름만 올리면 돼. 실무는 우리가 맡을게."

나는 깊이 고민하지 않았다. 시험을 본 것도, 투자를 한 것도 아닌데 그 자리는 오롯이 '가족'이라는 이유로 주어진 것이다.

센터는 내 이름을 딴 '○○의 공방'으로 문을 열었다. 직원은 나를 포함해 다섯 명이었다. 경증 시각장애가 있는 Y 언니, 청각장애인 E 동생, 지적장애를 가진 S 친구, 휠체어를 사용하는 J 씨까지, 모두가 서로의 사정을 알아 가며 나무 공예품과 생활 소품을 정성껏 만들었다.

처음엔 작은아버지도 자주 얼굴을 보이셨다. 하지만 얼마 지나지 않아 발길을 끊으셨고, 그 뒤로는 우리끼리 운영해 나가야 했다. 시간이 흐르자 궁금한 점들이 하나둘 생겼다. 정부 지원금은 제대로 들어오는지, 제품은 꾸준히 판매되는 듯한데 왜 임금은 시간제로만 지급되는지, 아무리 일해도 손에 남는 게 적은 이유는 무엇인지.

조심스럽게 작은아버지께 여쭈었다. "전부 운영비로 들어갔어. 고마운 줄이나 알아." 그 말에, 나는 그저 입을 다물 수밖에 없었다. 장애도 노동도 기꺼이 바쳐 일했건만, 되돌아온 건 감사를 강요하는 반응뿐이었다. 그래도 이 공방이 내 이름을 단 것이니, 끝까지 지켜야 한다고 믿으며 애써 웃었다.

하지만 언젠가부터 '나보다 더 많은 돈을 가져가는 사람'이 있다는 생각이 들었다. 내가 대표라면, 누구를 위해 대표이어야 할까. 마침내 나는 대표직을 내려놓았다. 그리고 하나둘, 다른 직원들도 더 나은 조건을 찾아 다른 장애인 작업장으로 떠나갔다.

그 일이 있은 후, 나는 나 같은 사람이 얼마나 많은지를 돌아보게 되었다.

예전엔 장애인을 데리고 다니며 껌을 팔게 하거나 구걸을 시키던 사람들이 있었다. 요즘은 그런 착취가 더욱 교묘해졌다. 제도의 허점을 파고들어 이득을 취하는 방식으로.

지적장애인 명의로 휴대폰과 신용카드를 개통하고 빚을 지우는 이들. 중증장애인을 청약제도의 '당첨 도구'로 활용한 뒤 분양권을 되파는 부동산 업자. 기초생활수급 자격을 만들어 놓고 수급비를 가로채는 친척들. 장애인을 정식 고용하지 않고 과도한 노동을 시키면서도 임금은 제대로 주지 않는 사업주들. 장애인 명의로 자동차를 사 세금을 줄이거나, 심지어 보험금을 노리고 교통사고를 유도하는 이들까지.

이들은 모두, 겉으로는 '도움을 주는 사람'처럼 보인다. 그러나 실상은 장애인을 수단으로 삼아 자신들의 이익을 챙긴다.

나는 작은아버지를 고발하려는 것이 아니다. 다만, 도움이라는 이름 아래 존엄을 빼앗기는 현실이 슬프다. 어쩌면 인류가 존재하는 한, 이런 부조리는 형태만 달리하여 계속될지도 모른다.

그래서 나는 기도한다. 동정도, 시혜도 아닌 공정한 소통 속에서 함께 살아가는 날이 와 달라고.

까치의 이름을 단 공방

깊은 숲 어귀, 다람쥐가 살던 오래된 집에 어느 날 번듯한 간판을 달렸다.

「까치의 공방」—숲속 최초의 동물 일터였다.

까치는 놀랐다.

"이게 정말 내 이름을 단 거라고?"

까치의 사촌 격 되는 까마귀 아저씨가 찾아와 말했었다.

"네 이름을 걸고 공방을 열어 줄게. 요즘은 일 못 하는 동물들 도와주면 숲 관리소에서 지원도 해 줘. 넌 그냥 이름만 빌려줘. 운영은 우리가 다 할 테니."

까치는 꿈만 같았다. 나무에서 떨어진 이후 날개를 다쳐 먼 곳까지는 날 수 없게 된 까치는, 평소 손재주만으로 조용히 살아가고 있었다. 그런데 내 이름을 단 간판이라니!

공방에는 까치를 포함해 다섯 마리의 동물이 모였다. 한쪽 눈이 잘 보이지 않는 너구리 언니, 귀가 들리지 않는 고슴도치 동생, 기억이 자주 흐릿해지는 청설모, 그리고 앞다리를 저는 너구리 삼촌. 그들은 서로를 이해하며 도토리 공예품과 나뭇잎 장식, 열매 장신구들을 만들었다.

처음엔 까마귀 아저씨도 자주 찾아왔다. "잘 되고 있나?" 하며 다정하게 웃었다.

그러나 시간이 흐르자 그는 발길을 끊었고, 공방의 모든 일은 까치를 중심으로 동물들끼리 감당해야 했다.

그러던 어느 날, 까치는 이상한 낌새를 느꼈다.

"우리 작품은 꾸준히 팔리는데, 왜 시간당 찔레 열매 한 알밖에 못 받는 거지?"

까치는 조심스레 까마귀 아저씨에게 물었다.

"다 운영비로 들어갔어. 넌 고마운 줄이나 알아."

그 말에 까치는 입을 다물었다. 그리고 자신의 이름을 단 공방이니 끝까지 책임지려 애썼다.

하지만 마음 한편에 이런 생각이 날개처럼 부풀어 올랐다.

'혹시, 나보다 더 많은 걸 챙겨 가는 존재가 있는 건 아닐까?'

결국 까치는 대표를 내려놓았다. 그리고 하나둘, 공방 동물들도 더 나은 조건을 찾아 떠나갔다.

그 후 까치는 깊은 숲을 날며, 눈을 크게 떴다.

도움이라는 이름으로 덫을 놓는 동물들이 얼마나 많은지 그제야 보였다. 청설모 이름으로 나뭇잎 빛을 지우고, 눈먼 두더지를 미끼로 들고양이를 해치우려는 사냥꾼, 기초 먹이 수급권을 가로채는 잠자리들, 날개 다친 새를 이용해 더 많은 벌레를 모으는 두꺼비들…

겉으로는 돕는 척하지만, 사실은 자신들의 배만 불리는 동물들이다. 까치는 그들을 고발하려는 것이 아니었다. 그저, 도움이라는 이름 아래 깃털 하나하나가 뽑혀 나가는 현실이 슬펐을 뿐이다.

어쩌면, 이런 덫은 모습만 바꾸어 숲이 존재하는 한 계속될지도 모른다. 행복한 세상이란 도움을 주는 것보다는 서로를 향한 공정한 날갯짓에서 시작된다고 까치는 생각했다.

에필로그(Epilogue): 미약한 보호장치, 홀로 감당하는 무게

이 글은 장애인의 현실이 얼마나 복잡하고 척박한지를 알리기 위해 시작되었다.

"그냥 이름만 올려 줘."

이 짧은 한마디는, 한 사람의 아픔과 존엄을 상품화하는 가장 비열한 마케팅이 되었다.

장애인을 보호하겠다며 마련된 제도들이 정작 그들을 외면하거나, 오히려 희생시키는 구조 속에 있다는 사실은 이제 더 이상 낯설지도 않다.

더욱 참담한 것은, 이러한 부당한 착취에 대해 강력히 처벌할 법적 장치조차 제대로 마련되어 있지 않다는 현실이다.

인권 단체들이 조사하고 권고해도, 형사권이 없어서 속 시원한 해결까지는 거리가 멀다.

결국 '약자를 보호하기 위한 제도'는 '약자를 이용하기 쉬운 장치'로 전락하고, 그 병폐는 좀처럼 멈출 기미가 없다.

과연 언제쯤, 약자를 위한 진정한 보호막이 제도 안에 실현될 수 있을까.

나는 오늘도 그 답답함을 기도로 다독인다.

동정도, 시혜도 아닌 존중과 공정의 울타리 안에서, 우리 모두가 함께 살아가는 날을 기다리며.

"악인이 일어나도 두려워하지 말라. 주께서 너를 붙드시며, 악인의 꾀를 막아 주실 것이다."(시편 37:39-40)

"주의 눈은 악인도, 의인도 다 살피시나니"(잠언 15:3)

💊 알약

"인간의 존엄은 단지 생존에 있는 것이 아니라, 존중받는 삶에 있다."
- 넬슨 만델라(Nelson Mandela)

"비록 부당함과 어둠이 세상을 덮을지라도, 결국 진실과 사랑은 반드시 승리한다는 믿음을 간직하라." - C.S. 루이스

"부당함과 아픔은 결코 하나님 앞에서 숨겨지지 않는다." - 지소현

공감의 장

_____

_____

_____

2

그들과 같은 속도로

그녀는 지천명이 될 때까지 건강하고 활기차게 살았다. 일류라 불리는 학력, 미적 기준을 충족하는 외모, 먹고 싶은 것을 주저 없이 고를 수 있는 경제력까지. 남부러울 것 없는 삶이었다.

그러던 2년 전, 불의의 교통사고로 허리에 핀을 삽입하는 수술을 받았다. 조금만 움직여도 찾아오는 통증은 삶의 균형을 무너뜨렸다. 병원에서는 심하지 않은 지체 장애라는 진단이 나왔고, 그녀는 동사무소에서 장애인 복지카드를 발급받았다. 하지만 그 카드는 서랍 속에 들어간 채 존재조차 잊혀졌다.

어느 날, 우편함에 꽂힌 한 장의 안내문이 눈에 들어왔다. 장애인 교육 프로그램 참여자를 모집한다는 내용이었다. 자기 계발 욕심이 생긴 그녀는 복지카드를 첨부해서 신청서를 냈다. 그 일이 그녀의 남은 삶을 바꾸게 될 줄은, 그땐 몰랐다.

프로그램 첫날, 비장애인으로 살아온 삶의 흔적이 그녀를 돋보이게 했다. 평생 말하지 못하고, 듣지 못하고, 걷지 못하고, 인지하지 못하며 살아온 회원들과는 확연히 달랐다. 그녀 스스로도 통증만으로 장애인 이라 불리는 것이 미안하고 어색하게 느껴졌다. 그래서 동료들이 불편을 겪을 때면 가장 먼저 나섰다. 그렇게 몇 달이 흐른 후, 자의 반 타의 반으로 그녀는 모임의 임원이 되었다.

그러던 어느 날, 한 휠체어 장애인이 정면으로 말했다.
"당신은 우리 몫을 가로챈 비장애인 같아요." 말이 끝나기가 무섭게, 이곳저곳에서 감정이 터져 나왔다.
"놀림 받고, 소외당하고, 학교도 직장도 결혼도 포기하며 살아온 우리 마음, 아세요?"
"당신은 장애라는 이름을 얻자마자 권력을 가졌고, 그걸로 우리 목소리를 눌렀어요."
"우리를 밟고 올라선 거나 마찬가지예요."
그녀는 아무 말도 하지 못한 채, 긴 침묵에 빠졌다. 오랜 세월 차별과 편견을 견뎌 온 이들의 외로움과 절망을 이제야 비로소 가슴 깊이 마주했다.

문득, 극심한 통증으로 잠 못 이루던 나날이 떠올랐다. 누워서만 밥을 먹어야 했던 시간들, 갑작스레 찾아온 무력감과 눈물…. 만감이 교차하자 진심으로 그들과 같은 속도로 걸어가야겠다고 결심했다.

매일 아침, 거울 앞에 서면 더 따뜻하게 웃는 연습을 했다. 비장애인이었던 시절의 씩씩함은 이제 동행의 동력이 되었다. 조금씩 회원들의 표정이 바뀌었다. 미묘한 거리감은 사라지고, 어느 날 누군가 말했다.

"진정한 친구는 눈물을 닦아 주는 사람이래요. 지금 당신처럼요."

그녀는 몸의 통증은 여전하지만 마음은 치유가 됐다. 불행이라 여겼던 사고가, 남아 있는 삶을 전환 시킨 기적이었다고 믿고도 싶었다. 장애인 동료들보다 앞서가지도, 뒤처지지도 않는, 같은 속도의 걸음이 새삼스럽게 행복으로 다가왔다.

질주 여왕의 새로운 길

푸른 초원을 바람처럼 달리던 말이 하나 있었다. 이름은 노마(路馬). 빠르고 당당해서, 숲속 동물들 사이에선 '초원의 슈퍼히어로' 소리를 들었다.

노마의 강점은 힘 있고 곧은 다리, 번쩍이는 갈기, 그리고… 자칭 '질주왕'이라는 자부심이었다.

그런데 어느 날, 갑자기 몰아친 폭풍에 미끄러져 절벽 아래로 굴러떨어지고 말았다. 다행히 살아났지만, 왼쪽 뒷다리에 철심이 박혔다.

"그래도 난 달릴 수 있어! 질주왕은 죽지 않는다!"라고 외쳤지만, 발걸음은 자꾸 삐걱거렸다.

그러던 중 숲에서 '느린 동물들을 위한 공동체'라는 알림을 발견했다.

'느린 동물들? 뭐, 내가 느리다고? 하하, 한번 가 보지!'

노마는 살짝 주저했지만, '어차피 다리도 고장 났는데…' 하고 신청했다. 모임 첫날, 느린 걸음의 동물들이 모였다. 다리가 짧은 두더지, 귀가 잘 안 들리는 부엉이, 말을 더듬는 거북이, 앞 못 보는 사슴, 기억을 자주 잃는 다람쥐까지. 노마는 그들 사이에서 당당히 '질주왕' 자리를 지켰다. 하지만 다들 느리게 걷는데, 노마는 자꾸만 발이 앞서 나갔다.

그러던 어느 날, 나뭇가지 지팡이를 짚은 사슴이 말했다.
"노마 씨, 우리 속도에 맞춰 같이 걸어 줘야 하지 않을까요?"
"아, 그런 게 있어?" 노마가 어리둥절했다.
"우리는 태어날 때부터 넘어지고, 차이고, 외면당한 존재라서요."
"당신은 다친 뒤에 와서, 제일 앞에 서 있으니 좀 그렇죠."
"숨 좀 고르고 있는데, 당신은 벌써 스프린트 모드잖아요."
노마는 멈칫했다. 철심 박힌 허리가 욱신거리면서도, 머릿속에 '음… 내가 너무 빨랐나?' 하는 생각이 맴돌았다.

그날부터 노마는 느리게 걷는 연습을 시작했다. 눈도 마주치고, 천천히 숨도 고르고, 심지어 매일 거울 앞에서 '느림의 미소'도 연습했다.
두더지가 웃었고, 부엉이가 먼저 "안녕?"을 했다. 거북이가 낮은 목소리로 "진짜 친구는 같이 느리게 걸을 수 있는 친구래."라고 말해 줬다.
노마는 깨달았다.
"달릴 수 없다고 끝이 아니야. 천천히 걷는 것도 꽤 괜찮네?" 이제 노마는 숲속에서 가장 느리지만, 가장 따뜻한 말이 되었다.

에필로그(Epilogue): 당신이 모르는 설움

삶은 때로 예기치 못한 변화로 우리를 흔든다. '장애'라는 이름이 어느 날 내 삶에 들어왔을 때, 그 무게와 의미를 온전히 이해하기란 결코 쉽지 않다. 아픔과 두려움 속에서 우리는 비로소 함께 걸을 동료들을 만난다.

그러나 선천적으로 장애를 안고 살아온 이들과, 중도에 사고나 질병으로 장애를 얻은 이들의 삶은 다르다. 즉 출발점이 다르기에 가진 것도 다르고 사회를 보는 시각도 다르다.

그래서 이 글이 중요하다. 중도 장애인이 선천적 장애인의 입장을 대변 할 때, 서로의 눈높이와 마음을 맞추어야 한다.

"즐거워하는 자들과 함께 즐거워하고, 우는 자들과 함께 울라."(로마서 12장 15절)

"아무 일에든지 다툼이나 허영으로 하지 말고, 오직 겸손한 마음으로 각각 자기보다 남을 낫게 여기고,"(빌립보서 2장 3절)

우리 모두는 저마다의 속도로 걸어간다. '같은 속도로'라는 말 속에는 배려와 이해, 그리고 따뜻한 마음이 담겨 있다. 그 온기가 얼어 있는 자들의 삶을 녹여 주기를 바란다.

💊 알약

"서로 사랑하라. 사랑이 없으면 연대도 없다." - 마더 테레사(Mother Teresa)

"사람을 이해하려면 그의 신발을 신고 그가 걸어온 길을 걸어 보아야 한다." - 아메리카 원주민 속담

"보폭을 맞출 때, 비로소 상대방이 보인다." - 지소현

공감의 장

_____

_____

_____

3

마음으로 연 문

직장에 들어간 첫날, 동료들은 나를 환한 웃음으로 반겨 주었다.

'아, 여기서라면 주눅이 들더라도 잘 어울릴 수 있겠구나.' 감추었던 불안감이 녹아내리는 순간이었다.

복도는 휠체어가 다니기에 넉넉했고, 책상도 공간을 넉넉히 조정해 주었다. 점심시간이 되자 식당에 같이 가자며 손짓해 주는 동료들이 고마웠다.

마음이 열려 가기 시작한 며칠 뒤, 팀장이 돌아오는 금요일에 회식을 하자고 했다. 여기저기서 삼겹살, 곱창, 치킨 호프 등 음식 이름이 들려왔다. 나는 재빨리 휴대폰 검색창에 휠체어 접근이 가능한 주변 삼겹살집을 쳐 넣었지만 없었다.

옆자리 동료가 무엇이 좋으냐고 물었다. 나는 다 좋다고 어색하게 웃으며 대답했으나 다 좋은 게 아니었다. 출입구에 턱이 있는지, 화장실에 휠체어로 들어갈 수 있는지, 홀 테이블 사이가 휠체어가 지나갈 만큼 넉넉한지⋯ 나는 회식 장소를 머릿속으로 상상하며 체크리스트를 돌렸다. 사회생활 시작 후 회식은 내게 남모르는 불안이었다.

동료의 생일날 함께 고깃집에 간 적이 있다. 이미 정해진 곳이라 따라가 보니, 좁은 계단을 통해 2층으로 올라가야 했다. 남자 직원 셋이 나를 번쩍 들어 올렸다. 사람들의 시선이 따갑게 꽂혔다. "죄송해요, 번거롭게 해서요." 나는 웃고 있었지만, 속은 꽁꽁 얼어붙었다.

그날 집에 돌아와 샤워기를 틀고 울었다. 견뎌야 할 것이 많은 삶이 정말 싫었다.

또 한번은 동창들이 자주 가는 회식 장소라고 해서 따라갔었다. 미닫이문을 열자 바닥에 앉는 좌식 테이블이었다. 나는 문 앞에서 그냥 돌아섰다. 아무 말도, 어떤 이유도 설명하고 싶지 않았다.

어느 날 유난히 정이 많은 부장님이 조심스레 말을 꺼냈다. 회식 장소 고르기 어렵지 않냐며, 혹시 우리가 불편하게 한 건 아니냐고.

그 순간, 나는 큰 벽 한가운데 미처 보지 못했던, 비밀의 문이 열리는 듯한 기분이 들었다. 나만 불편한 게 아니었다. 나 때문에 비장애인 동료들도 불편할 수 있다는 사실을 본 것이다.

그 후로 나는 내가 적극 마음을 열기로 했다. 회식이 있을 땐 먼저 휠체어로 들어갈 수 있는 장소를 찾아 추천했다. 동료들은 덕분에 좋은 데를 알았다며 맞장구를 쳐 주었고, 화장실도 넓고 쾌적해서 좋다고 했다. 다르다는 이유로 미안해하지 않아도 되는 홀가분함이었다.

마음으로 연 문 앞에서 함께 웃는 우리들의 회식이 시작된 것이다.

별빛 아래 웃음꽃이

숲속 동물 회사에 새 식구가 들어왔어요. 나뭇잎 보드를 타고 슝슝 다니는 귀여운 두꺼비였답니다.

"안녕하세요. 저는 뚜벅뚜벅 두꺼비예요. 다리가 조금 불편해서 이렇게 나뭇잎 보드를 타고 다녀요!" 동물 친구들은 박수 치며 반겨 주었어요.

"우와! 멋진 나뭇잎 보드다!"

"우리랑 점심 같이 먹자!"

회사는 복도도 넓고, 두꺼비의 보드가 지나갈 자리를 다들 배려해 주었죠. 친구들의 배려에 두꺼비는 마음속 얼음이 조금씩 녹는 걸 느꼈어요.

며칠 후, 부엉이 과장이 말했어요. "이번 금요일 회식 어때요? 장소를 정해야겠죠!"

고슴도치가 말했어요. "치즈나무 아래 바위에서 치즈 피크닉!"

토끼는 말했어요. "호숫가 딸기밭이 좋아요!"

두꺼비는 조용히 웃었지만 속으로는 바위도, 딸기밭도 걱정됐어요.

'바위는 경사져서 보드로 못 올라가고, 딸기밭은 돌부리가 많아 위험해…'

다들 들뜬 분위기 속에서, 두꺼비는 혼자 검색했어요.

"나뭇잎 보드 접근 가능한 회식 장소… 음…"

그날 밤, 두꺼비는 괜히 마음이 무거웠어요.
'내가 괜히 민폐가 되는 건 아닐까? 그냥 안 간다고 할까…'

며칠 후, 생일을 맞은 사슴 팀장이 고깃잎 파티를 열었어요. 그런데 두꺼비가 타고 갈 수 없는 좁은 언덕 위였던 거예요.
"어, 나중에 갈게요…" 두꺼비는 웃었지만, 나뭇잎 보드 위에서 몰래 눈물을 훔쳤어요. '난 왜 이렇게 복잡한 존재일까…'

그때, 곰 부장님이 다가와 말했어요. "두꺼비야, 혹시 우리가 불편하게 한 건 아니었을까?, 회식 장소 정하는 게 어려웠지? 다음엔 네가 추천해 줄래?"

그 말에 두꺼비의 마음속, 꼭꼭 닫혀 있던 문 하나가 살며시 열렸어요. '나도 말해도 되는 존재였구나!' 그다음 회식, 두꺼비가 먼저 손을 들었어요.
"저기, 도토리강 근처 잔디 언덕은 어때요? 평평해서 보드 타기 좋아요!"
친구들은 환호했어요. "와! 풍경도 예쁘겠다!" "그 근처엔 연잎 화장실도 있지!"
"두꺼비 덕분에 꿀장소 알았네!"

그날 저녁, 잔디 언덕엔 별빛 아래 웃음꽃이 피었어요. 두꺼비는 나뭇잎 보드를 타고 동그란 모임 속으로 슝 들어갔고, 서로의 마음 문은 부드럽게 열리고 있었어요.

제3부_보이지 않는 사슬

에필로그(Epilogue): 아름다운 어울림

한 끼의 식사, 소소한 회식 자리가 누군가에겐 일상이지만 또 다른 누군가에겐 용기와 결심이 필요한 도전이다. 좁은 문, 작은 턱, 배려 없는 좌석 배치….

우리들은 얼마나 쉽게 놓치고 마는가. 불편함은 장애 그 자체보다, 불편을 돌아보지 않는 무관심에서 더 깊어지기 마련이다.

그러기에 '함께한다'는 말은 서로의 차이를 인정하고, 다름을 불편해하지 않는 마음에서 출발한다. 진심 어린 어울림은 자신을 조금 비우고, 타인을 향해 자리를 내어 주는 일에서 시작된다.

그리고 배려는 누군가를 특별하게 대우하는 것이 아니라, 누구도 특별히 소외되지 않도록 살피는 일이다.

"닫힌 문 앞에서 망설이는 이들의 마음을
누군가 먼저 헤아릴 수 있다면,
보이지 않는 거리감과 마음의 벽을
따뜻한 눈빛 하나로 조금씩 허물 수 있다면
아름다운 어울림이라고…"

🔖 알약

"사랑은 완벽한 사람이 서로 만나는 것이 아니라, 서로 부족함을 이해하고 함께 성장하는 것이다." - 샘 키넌

"우리가 서로 사랑하면, 우리는 완전해진다." - 레프 톨스토이

"서로 다른 삶을 존중해야 더 넓은 세상으로 갈 수 있다." - 지소현

공감의 장

_____

_____

_____

4

우리만의 서사

창조주의 설계대로 작동하지 못하는 다리를 가진 우리는 '걷는 법'을 다르게 익혔다.

목발을 짚은 이는 두 팔과 두 다리, 네 개의 지점을 의지해 앞으로 나아간다. 팔의 통증을 견디고 비틀거림을 이겨 내며 또닥또닥 앞으로 간다.

지팡이에 체중을 실은 이는 한쪽 다리를 아끼며 조심스럽게 중심을 잡는다. 불안한 걸음일지라도 멈추지 않으려는 의지 하나로 목적지를 향해 간다.

다리 길이와 굵기가 달라서 절뚝이는 이는 온몸으로 흔들림을 감당한다. 어떤 시인은 그 모습이 춤을 추는 것 같다고도 했지만 결코 아름답지는 않다.

휠체어를 탄 이는 팔의 힘으로 땅을 밀어내며 구른다. 이때 발자국 대신 공간을 채우는 바퀴 소리가 절대 고독자의 외침 같다.

이렇듯 우리는 각자의 방식으로 '걷는 법'을 익히며 견디고 살아간다.

다리가 멀쩡한 이들에게 걷는다는 것은 너무도 당연한 일이겠지만, 우리에게 걷는다는 것은 살아 내는 일이다.

넘어져도 다시 일어서는 법, 멈췄다가 다시 움직이는 법, 포기하고 싶을 때 다시 손잡이를 붙잡는 법을 수많은 시행착오를 겪으며 습득했다.

다리를 제대로 쓸 수 없다는 사실은 많은 것을 앗아갔지만, 그만큼 많은 것을 깨닫게 했다.

속도보다 방향이 중요하다는 것. 걷는 방식이 다르다고 해서 삶의 가치가 줄어들지 않는다는 것. 그리고 세상의 기준에 맞추기보다는 자기만의 걸음으로 가다 보면 결국 행복에 이를 수 있다는 것을 말이다.

오늘도 우리는 우리만의 서사를 엮는다.

목발로, 지팡이로, 절뚝이는 발로, 휠체어 바퀴로. 천천히, 그러나 선명하게, 우리의 길 위에 우리의 삶을 새기고 있다.

숲속 걸음 이야기

옛날 옛적, 넓고 아름다운 숲속에 여러 동물들이 살고 있었어요. 하지만 숲의 법칙대로 걷지 못하는 동물들도 있었지요.

작은 토끼는 한쪽 다리를 다쳐서 제대로 뛰지 못했어요. 그래서 나뭇가지를 짚고 의지하며 앞으로 나아갔어요. 팔도 아프고 몸도 흔들렸지만 토끼는 멈추지 않았어요.

"천천히라도 가는 게 중요해!"

다람쥐는 오래전 다친 발을 감싸고 나뭇가지를 지팡이로 만들었어요. 한쪽 다리에 힘을 아끼며 조심조심 걸었지요. 흔들리는 몸을 붙잡으며 다람쥐는 말했지요.

"불안해도 계속 가야지!"

다리 길이가 다른 사슴은 걸을 때마다 몸이 흔들렸어요. 숲의 친구들은 그 모습을 보고 춤추는 것 같다고 웃었으나 사슴은 진지하게 힘들여 걸었어요.

"내 걸음이 이상해도 괜찮아. 나는 나대로 가는 거니까."

그리고 굴속에 사는 작은 두더지는 나무뿌리를 밀며 밖으로 나왔어요. 뿌리를 굴리는 소리가 숲속에 울려 퍼졌고, 두더지는 그 소리가 외로운 울음 같다고 느꼈답니다.

"나는 나만의 방식으로 앞으로 나가!"

이렇게 숲속 친구들은 각자 다른 방법으로 걸었어요. 걸음이 느려도, 다리가 아파도, 조금 다르게 움직여도 모두가 소중했어요.

속도보다 방향이 중요하고, 걷는 방식이 달라도 삶의 가치가 줄어들지 않는다는 것을 배웠어요. 그리고 자신만의 걸음으로 걷는다면 결국 행복한 숲속 삶을 누릴 수 있다는 것도 알았어요.

오늘도 숲속 친구들은 각자의 방식으로 천천히 그러나 또렷하게 자기 앞의 길을 걸었답니다.

에필로그(Epilogue): 나만의 속도와 방식

'걷는다'는 행위에 대해 깊이 생각해 본 적이 있는가? 장애인에게 걷는다는 것은 단순한 이동이 아니다. 그것은 절박한 생존의 방식이며, 삶의 의지를 드러내는 행위다.

비록 그 걸음이 느리고 불완전할지라도, 그 안에는 의지와 용기, 인내가 고스란히 담겨 있다.

누군가는 빠르게, 또 누군가는 천천히, 때로는 비틀거리며 나아간다. 하지만 속도가 다르다고 해서 그 걸음의 가치까지 달라지는 것은 아니다. 우리가 서로의 걸음을 이해하고 존중할 수 있다면, 세상은 조금 더 따뜻해질 것이다.

나는 살아오며, 속도보다 방향이 훨씬 중요하다는 사실을 배웠다. 세상이 정한 기준에 나를 억지로 끼워 맞추기보다, 나만의 속도와 방식으로 나아가는 것!

그것이야말로 진정한 성장이고, 자유였다.

그래서 이제는 절뚝이는 내 걸음을 더 이상 부끄러워하지 않는다. 세상은 달리기 선수만으로 채워지지 않는다.

느린 걸음에도 그만의 경쟁력이 있으며, 목표를 향해 흔들림 없이 걸어간다면 결국, 그만의 승전고를 울릴 것이다.

 알약

"다름은 곧 아름다움이다." - 패션 디자이너 비비안 웨스트우드

"자기 길을 걷는 사람에게 길은 스스로 열려 있다." - 루쉰

"다른 걸음이 다른 가치를 낳는다." - 지소현

공감의 장

5

당연한 것 아니라

　나는 단체 사진이나 텔레비전을 볼 때면, 자꾸만 쪼그려 앉은 사람들에게 시선이 간다.
　특히 양 무릎을 가슴에 안고 두 팔로 감싼 자세는 이상하리만치 평온해 보인다. 아마도 어머니 뱃속에서 취한 자세이기 때문일 것이다.
　나는 열 살 이후로는 그 모습을 가져 본 적이 없었다. 결핵균에 먹혀 버린 어린 연골은 흉터만 남아서 만성 통증과 함께 온전히 구부러지지 않았다.
　인간이 상체와 하체를 접을 수 있다는 건 얼마나 크고도 은밀한 능력인가. 바닥에 앉아 물건을 집고, 신나게 자전거를 타고, 사랑하는 사람을 껴안을 수도 있다.
　"나의 오늘이 누군가의 간절한 내일일 수 있다"는 말이 떠오른다. 남들에겐 너무나 당연한 이 자세가, 내게는 오랜 시간 불가능했기에 깊이 공감한다.

좌식 생활이 일상이던 시절, 그 고통이 문득 다시 고개를 든다. 오랜 병상 끝에 겨우 걷게 되었을 때, 처음 마주한 현실은 재래식 화장실이었다. 엉덩이 연골이 상한 오른쪽 허벅지 부위가 90도 이상 구부러지지 않는 나로서는 공포의 장소였다.

그래서 기능에 이상이 없는 무릎을 꿇어서 더러운 바닥에 대고 앉는 자세를 취해야 했다. 그럴 때마다 오염된 바닥에 미끄러질까 봐 불안했기에 소변이 마려워도 하교할 때까지 참기 일쑤였다. 배는 팽팽히 불러오고 감각은 무뎌졌으며, 방광은 약해졌다. 생리적인 욕구조차 자유롭지 않다는 좌절감은 마음 깊은 곳까지 상처를 냈다.

중학교 시절, 비 오는 날이면 전교생이 강당에서 조회를 했다. 학생들은 방석을 들고 와 바닥에 둘러앉았지만, 나에겐 마룻바닥이 지하로 통하는 감옥같이 느껴졌다. 항상 하는 나만의 자세인, 무릎을 꿇어 바닥에 대고 발뒤꿈치로 엉덩이를 받친 채 버티는 수밖에 없었다.

어느 날, 조회가 길어져 다리를 펴지 못하고 당황한 적이 있다. 낡은 인형처럼 흐느적거리던 다리를 붙잡고 벽을 짚어 간신히 일어섰다. 모두가 강당을 나간 뒤에야 피가 돌고 감각이 돌아왔다. 북적이던 공간이 텅 빈 순간, 홀로 다르다는 외로움이 나를 삼켰다.

그 외로움은 한 인간으로서, 한 여성으로서 살아가는 내내 그림자처럼 따라다녔다. 발을 씻고, 양말을 신는 일, 걸레를 빠는 일, 아이를 품는 일, 어느 것 하나 쉽지 않았다. 단합대회에서는 돗자리를 피했고, 식당 온돌방에선 엉성하게 앉은 자세를 바꿔 가며 눈치를 보아야 했다.

물론, 세상의 모든 사람은 저마다 말 못 할 고통을 안고 산다. 어쩌면 나보다 더 아픈 이들도 있을 것이다. 그러함에도 내가 구부러지지 않은 허벅다리를 고백하는 까닭은, 인간이 자신의 몸을 의도대로 움직일 수 있다는 사실이 결코 당연한 일이 아니기 때문이다. 얼마나 감사한 일인가.

지금은 생활 전반에 다리를 꺾듯이 구부리지 않아도 괜찮다. 소파가 있고 침대가 있고, 테이블이 있는 식당도 많아졌다.
덕분에 움츠러들었던 내 마음도 서서히 펴지고 있지만 여전히 나는 쪼그려 앉은 사람들에게 시선이 간다. 그 모습이 여전히 부럽다.
그래서 목숨이 끊기는 순간 기이한 유언을 남기게 될지도 모르겠다. 내가 죽거든, 우두둑 다리를 접어 수의를 입혀 달라고.

(2022 발표작 일부 발췌)

둥글 수 없는 고슴도치

숲속 마을에는 '소호'라는 고슴도치가 살고 있었다. 그는 다른 고슴도치들처럼 작고 날카로운 가시를 가졌지만, 한 가지 특별한 점이 있었다. 몸을 둥글게 말 수 없다는 것이다.
자랄 때 병으로 인해 굳어 버린 뒷다리는 '소호'가 몸을 웅크릴 수 없게 만들었다. 고슴도치에게 몸을 둥글게 말아 자신을 보호하는 일은 숨

쉬는 것만큼이나 자연스러운 일이었다. 위험할 때면 가시를 세워 적의 눈을 막았고, 추운 밤에는 몸을 말아 따뜻함을 지켰다. 잠자리에서도, 친구들과 뛰놀 때도 말이다.

하지만 '소호'는 언제나 뻗은 다리로 누워야 했다.
"몸도 둥글게 못 말면서 고슴도치라니, 그게 무슨 고슴도치야?"
한번은 수달이 농담을 말했다. '소호'는 웃어넘겼지만, 그 말은 무거운 돌덩어리가 되어 가슴 한가운데 쿵 떨어졌다.
학교에서도 다르기는 마찬가지였다. 모두가 바닥에 앉아 선생님의 이야기를 들을 때, '소호'는 홀로 기대어 앉거나 무릎을 펴고 버텼다. 어느 날은 조회가 길어 다리에 감각이 마비되어 친구들이 떠난 뒤에야 힘겹게 일어났다.
신발을 신을 때도, 돌멩이를 옮길 때도, 가족이 쪼그려 앉아 잠들 때도 그는 늘 멀찍이 누웠다.

하지만 '소호'는 알고 있었다. 숲속 어딘가에는 자신보다 더 힘든 이들도 있다는 것을. 날개가 부러진 참새, 소리를 못 내는 여우, 앞이 보이지 않는 두더지….
그래서 그는 큰소리로 외치고 싶었다.
"친구들아! 몸을 마음대로 움직일 수 있다는 것은 당연한 게 아니란다. 그건 축복이자 기적이며, 누군가에겐 간절한 소망이라는 걸 알아야 한다."

세상은 조금씩 변해 갔다. 이제 동물들은 탁자에 앉아 밥을 먹고, 침대에서 잠을 자며, 쿠션 위에 누워 책을 읽는다. '소호'도 쪼그리지 않아도 되었다. 마음도 천천히 펴지기 시작했다.

하지만 가끔 둥글게 몸을 말고 있는 고슴도치를 보면, 그는 마음이 흔들렸다. 그 따뜻한 모습이 부러웠다.

그래서 죽더라도 다리를 우두둑 꺾어 둥글게 말아 달라고 부탁하고 싶었다. 한 번쯤은 고슴도치답게 자고 싶었기 때문이다.

에필로그(Epilogue): 몸의 각도를 통해 알게 된 것들

사람들은 '쪼그려 앉는 자세'에 대해 특별히 생각해 본 적이 없을 것이다. 그러나 나는 전하고 싶다. 자유롭게 몸을 움직일 수 있다는 것이 얼마나 큰 축복이며, 날마다 기적을 일으키는 도구인가를.

나는 다리를 꺾지 못했던 긴 세월 동안, 나라는 존재에 대해 끊임없이 사유하였다. 살아 있다는 것 자체가 견디기 어려웠던 날들도 있었다. 그러나 두 아들에 대한 책임감과 세상 속에서의 나의 역할을 떠올리며 흔들리는 마음을 여러 차례 붙들곤 했다.

아니 솔직히 말하자면, '생활고를 비관한 여성장애인, 극단적 선택!'이라는 신문 기사 속 주인공이 되고 싶지 않았다.

삶의 불완전함은 종종 자각을 낳는다. 다리를 온전히 구부릴 수 없었던 고통과 일상을 지탱해야 했던 고군분투의 시간은 결국 내가 타인의 고통에 귀 기울이는 법을 배우게 한 자양분이 되었다.

그러므로 이제는 말할 수 있다. 기도하는 중에 들려온 하나님의 음성을.

"내 사랑하는 딸아, 너의 굽히지 못한 다리 위에, 나는 내 사랑을 놓았다."

기묘하신 창조주 앞에서, 건강하다는 이유 하나만으로도 깊이 감사하는 사람들이 많아지기를 진심으로 소망한다.

🔴 알약

"우리가 가진 것이 아닌, 당연하다고 여기는 것이 우리를 가난하게 만든다." - 루트비히 비트겐슈타인
"내가 가진 모든 것을 당연히 여기지 않는 순간부터 인생은 빛난다." - 작가 미상 격언
"평범함이 기적이라는 것을 깨닫는 순간 행복이 샘솟는다." - 지소현

공감의 장

6

나를 지치게 하는 것들

나는 살면서 불특정 다수의 시선을 받는 것이 정말 싫었다. 남다른 걸음걸이 때문이다. 다리에 고정된 눈길들은 나를 훑으며 원인을 추측하고 사연을 짐작하는 듯해서 폭력처럼 느껴졌다. 시간을 거슬러 올라갈수록 부담스러웠던 기억은 더 또렷하다. 마치 무대 위에서 누군가의 감정을 자극해야만 하는 예인(藝人)처럼, 늘 무대 위에 서 있던 나의 걸음들.

소녀 시절, 나는 예쁘다는 말을 자주 들었다. 어릴 적 사진 속 내 얼굴은 지금 봐도 제법 귀엽다. "인물이 아깝다." 그 말은 내 등을 슬쩍 쓰다듬는 위로가 아니라, 내 잘못도 아닌 다리를 탓하는 칼날이었다. 어떤 사람은 휙 돌아서서 두 번 세 번 얼굴과 다리를 번갈아 보고, 모퉁이 입구에서 발길을 멈춘 채 혀를 찼다. "뭘 봐" 소리치고 싶었던 나날들. 그러나 입 밖에조차 내지 못했다.

서른 살 무렵, 어린 아들의 손을 잡고 시장에 나가면 우리 모자의 등장은 어디서나 사건이 되었다. 엄마의 왜소한 모습에 비해 튼실하고 잘생긴 아기가 어울리지 않는다며 대놓고 말하는 사람도 있었다.

물론 나도 길을 걷다가 보면 유난히 사랑스러운 아기와 엄마에게 눈길을 준다. 하지만 우리 모자가 젊었을 때 받았던 것처럼 호기심 가득한 눈빛이 아니다. 진심으로 따듯한 미소를 머금고 감동을 보내는 것이다.

이처럼 종종 흥미로운 영화의 주인공 같았던 나날들, "그럼에도 불구하고"라는 말로 포장되고 관심과 동정이 덧씌워졌다. 관심은 함께 걷자는 손길이었고, 동정은 나를 유리벽 안에 가두고 구경하는 시선이었다.

지금도 가끔 어떤 이들은 내게 "어찌 그리 밝으냐"고 감탄조의 말을 건다. 역으로 생각하면 '너는 불행한 사람이니 우울한 언행을 해야 어울린다.'라는 것이 아닌가. 이는 성폭력 피해 여성들에게 피해자다움을 요구하던 시선과도 맥락이 같다.

어찌 되었건 말하는 자신도 깨닫지 못하는, 차별적 고정관념을 걷어내고 싶어서 나는 과감하게 고백의 글을 쓰는 것이다.

아이를 둘이나 키워 낸 아는 휠체어 여성장애인이 말했다. 가족과 친지들이 수시로 하는 "대단하다", "대견하다"는 말이 정말 싫다고…. 나도 그 심정에 전적으로 동감한다. 우리는 대상도, 교훈도 아니니까.

문득 평범이라는 사실이 얼마나 위대한지 모르는 이들에게, 지친 내 마음을 털어놓으니 조금은 가볍다.

숲속의 눈빛들

숲속에 한쪽 다리가 짧고 약해 절뚝이는 암사슴 '미미'가 있었다. 그는 두 마리의 아기사슴 엄마이기도 했다. 다른 짐승들은 그들 가족 셋이서 먹이를 찾아 풀밭 위에 발자국을 남길 때마다 수군거렸다.
"비틀거리네, 왜 저 모양일까?"
"저렇게 고운 눈망울을 가졌는데, 다리 때문에 덜 이뻐 보여."
어떤 너구리는 숲 그림자에 숨어 사슴을 몰래 지켜보았다. 스핑크스는 달려가다 말고 멈춰 서서 혀를 찼다.
어느 해 가을이었다. 깊은 숲속에 사냥꾼이 덫을 놓았다. '미미'는 덫 냄새를 금세 맡았고 주변에서 맴도는 아기사슴들을 보았다. 절뚝거리며 힘껏 달려가 아기사슴을 가로막았다.
"뒤로 물러서렴."
그리고 아프지 않은 다른 발로 나뭇가지를 끌어당겨 숨겨진 덫을 건드렸다. 철컥하는 소리가 나면서 미미의 발끝이 조금 베였다. 하지만 아기사슴들은 무사히 숲으로 달아났다.

얼마 후, 숲의 동물들은 그 이야기를 입에서 입으로 전했다.
"그 사슴이 또 가족을 지켰대!"
"그래도 저 다리로, 대단하지 않은가!"
사슴은 그 말들을 멀리서 들었다. 그리고 고개를 저었다.

"나는 그저, 엄마로서 할 일을 했을 뿐이야." 그리고 비틀린 다리로 또다시 발자국을 남기며 걸어갔다. 수군거리는 동물들의 목소리에 더 이상 신경 쓰지 않으면서….

에필로그(Epilogue): 평범이라는 이름의 위로

나를 가장 지치게 한 건 나를 향한 타인들의 '시선'이었다. 걱정인 듯, 정잔인 듯, 연민을 가상한 호기심은 결국 내 삶을 판단하고 분류하는 기준이 되었다.

그리고 '대단하다', '장하다'는 말들은 묘하게 나를 격리시키곤 했다. 나만이 아는 소망인, 평범할 자격을 박탈당하는 외로움은 나를 지치게 했다. 언제나 특별함만을 요구하는 것만 같던 삶! 상처받았지만 주저앉지 않았다.

나는 평범함 속에 숨은 위대함을 믿는다. 그래서 그 자체가 교훈이요 진리임을 강조하고 싶다.

"동정이 아닌, 함께 걸어 주는 손길로
제 걸음을 견고히 붙드소서.
부끄럽고 초라한 마음이 들 때마다
제가 당신 안에서
있는 그대로 존귀함을 기억하게 하소서.

저는 다리에 나를 싣고

끝까지 사랑의 길을 걷게 하소서."

 알약

"진짜 자기 자신이 되는 것이야말로 가장 용기 있는 일이다." - 버지니아 울프

"다른 사람의 기대에 맞추어 자신을 희생하지 마라." - 브루스 리

"내가 원한 건 박수도, 위로도 아닌, 그저 지나쳐도 괜찮은 사람이 되는 일이었다." - 지소현

공감의 장

제4부

우울한 날들

프롤로그

우울의 무게는 고독의 농도와 같다.
그곳에서 벗어나려면
숨 쉴 수 있는 공간을 확보해야 한다.
오직 자기 자신에 대한 사랑만을
절대적 도구 삼고서….

1

나 자신을 잃은 나에게

나는 '미안합니다'라는 말로 나를 숨겼고, '괜찮아요'라는 말로 나를 지워 왔다.

부탁 한마디, 거절 한마디가 목에 걸려 끝내 삼켜 버리곤 했다. 어릴 때부터 나는 늘 타인을 먼저 살피는 아이였다. 아마 그것이 나만의 생존 방식이었을 것이다.

초등학교 3학년 어느 날, 친구가 빌려 간 연필을 돌려주지 않았다. 그 손에 들린 연필이 분명 내 것임을 알면서도, 나는 말하지 못했다. 말은 목 끝까지 차올랐다가 꿀꺽 삼켜졌고, 손바닥엔 땀이 흥건했다. 결국 나는 작고 떨리는 목소리로 말했다.

"그냥 가져도 괜찮아." 내 마음과 전혀 다른 말. 내 몸이 마음과 따로 움직인, 그 첫 번째 기억이었다.

그날 이후 나는 누군가에게 말 한마디 건네는 것조차 조심스러웠다. 죄인처럼 움츠러들었고, 늘 눈치를 보며 살았다. 거절당할까 봐, 외면당할까 봐. 숨죽이며 손조차 내밀지 못한 채, 그렇게 나이 들어갔다.

겉으론 대인배 같았고, 착하다 못해 바보처럼 보이기도 했지만 그 안에는 한없이 까맣게 타들어 간 가슴이 있었다. 마치 사형선고를 받은 애연가의 폐처럼.

그러던 어느 날, 나는 내 안의 나에게 물었다. "왜 이렇게까지 나를 감추며 살아야 했을까?" 그 질문에 속에서 이런 대답이 들려왔다. "나도 괜찮은 사람이 되고 싶었어."

내 안에는 오래전부터 말라붙은 씨앗 하나가 있었다. 글을 쓰는 일이었다. 그것은 세상과 나를 잇는 가장 솔직하고도 편안한 다리였다.

"그건 내 거예요."

"그 말에 마음이 상했어요."

"저도 여기 있어요."

나는 글을 통해 비로소 내 목소리를 찾았다. 그리고 내 글을 읽으며 조용히 고개를 끄덕이는 사람들을 보며 알게 되었다. 내가 누군가에게 작은 위로가 될 수 있다는 사실을.

"왜 그렇게 오랫동안 침묵했을까?"

"사람들이 나를 미워할까 봐. 무엇보다, 나조차 나를 싫어했으니까."

하지만 이제는 나를 믿어 보고 싶다. 그동안 누군가 도움의 손길을 내밀면, 고마움보다 초라함이 먼저 앞섰다.

그러나 이제는 고맙게 받고, 고맙게 줄 수 있는 사람이 되고 싶다. 건강한 주고받음이 이 까맣게 식어 버린 폐부를 다시 숨 쉬게 한다는 걸 이제야 조금씩 깨닫고 있다.

글을 쓰면서, 타인의 기분을 먼저 살피던 지난날의 시선을 내면으로 돌리게 되었고, 그것이 진정한 '큰사람'의 길임을 알게 된 것이다.

작은 사슴의 말

숲속 어딘가에 말 없는 작은 사슴이 살고 있었습니다. 정확히 말하면, 말을 못 하는 게 아니라 너무 소심해서 아무도 못 들었죠. 작은 사슴은 오늘도 고개를 푹 숙이고 무음 모드로 걸었습니다.

다른 동물들이 "너 어디 아프니?" "너 뭘 그렇게 숨기고 살아?" 하고 물으면,

사슴은 늘 해맑게 웃으며 속삭였습니다.

"응 나 괜찮아."

그런데 사실 사슴은 속으로 매일같이 엉엉 울고 있었습니다. 어릴 적부터 '조용한 게 미덕이다'라는 말을 곧이곧대로 믿었거든요.

그러던 어느 날, 사건이 터졌습니다. 토끼가 사슴의 도토리를 슬쩍

가져간 것!

사슴은 "어… 어… 어…" 하고 더듬더듬하다가 결국 아무 말도 못 하고 속으로만 외쳤죠.

'괜찮아 어차피 다이어트 중이었어.'

그 이후로 사슴은 더 작아졌습니다. 자기 존재감만큼이나…

그렇게 조용히 나뭇잎이나 씹던 사슴은 어느 날, 나뭇잎이 목에 걸려 기침하다가 결국 속마음을 뱉어 버렸습니다.

"도대체! 나 왜 이렇게 숨죽이고 살아야 해!"

물론, 나뭇잎이랑 옆에서 견과류 까먹던 다람쥐만 들었습니다. 숲은 여전히 평화롭고 조용했죠. 하지만 그때, 사슴의 마음속 어딘가에서 작은 목소리가 들려왔습니다.

"나도 좀 괜찮은 사슴이 되고 싶었거든."
"근데 '괜찮은 사슴'이 뭔데?"
"모르겠어. 그냥 멋진 사슴? 웃기기라도 하면 안 될까?"
"그래, 그냥 웃기자!"

그 순간, 사슴의 가슴 속에 깊이 숨겨진 '글 쓰고 싶다!'는 소망이 꿈틀거리며 기지개를 켰습니다. 말은 못 해도 손은(?) 쓸 수 있었던 사슴! 조용히 나뭇잎에 끼적이기 시작했습니다.

"그 도토리는 사실 제 거였어요"
"사실은 울었어요"

"저 여기 있어요! 나무 뒤에 숨어 있거든요"

가끔 지나가던 새들이 그 글귀를 읽고 고개를 끄덕이며 셀카 찍어 SNS에 올렸습니다.

#작은사슴의속마음 #오늘도힐링 #숲속작가님등장 …

사슴은 생각했습니다.

"어…? 나도 누군가에겐 도움이 되네?" 그리고 조금씩, 아주 조금씩 자기 자신을 믿어 보기로 했습니다. 이제는 누가 도와주겠다고 하면 "도와주세요"라고 솔직하게 말할 수 있게 되었답니다.

에필로그(Epilogue): 상처와 맞닿아 있는 것

나는 나를 잃은 줄 알았다. 하지만 그건, 나를 너무 오래 숨기고 있었던 것뿐이었다. 부끄러워 외면했던 감정들을 이제는 조심스럽게 바라본다.

"괜찮지 않아도 괜찮다"고,

"싫다고 말해도 사랑받을 수 있다"고.

이제는 타인의 눈빛이 아니라 내 마음의 움직임에 귀 기울이고 싶다. 누군가에게 외면당해도 내가 나를 등지지 않는다면 여전히 살아 있을 테니까.

그리고 그 모든 상처의 시간마저 빛이 되어 누군가의 마음을 감쌀 수 있기를 간절히 기도한다.

"내 안의 상처 난 어린 나를
꼭 안아 위로하여 주시옵소서.
당당히 나를 사랑하며 살게 하시고,
진실을 노래할 수 있는 용기를 주소서.
또 다른 마음들을 살리는 씨앗이 되게 하여 주옵소서."

💊 알약

"용기란 두려움이 없는 것이 아니라, 두려움에도 불구하고 앞으로 나아가는 것이다." - 윌리엄 아서 워드

"우리는 고통을 겪으면서도 성장한다. 내면의 상처가 치유되면 우리는 더 강해진다." - 마야 안젤루

"글로 존재하는 자는, 결코 지워지지 않는다." - 지소현

공감의 장

_____

_____

_____

2

어떤 다큐멘터리

그는 장애인복지 현장에서 20년 넘게 일해 왔다. 도움이 필요한 곳이라면 주저 없이 손을 내밀었고, 함께 아파하며 곁을 지켰다. 그런 모습 덕분에 동료들 사이에선 꼭 필요한 사람으로 통했고, 어느 단체에선 리더의 자리에까지 올랐다.

그러나 쉰아홉의 어느 날, 자신이 만들어 온 자리에서 조용히 물러났다. 여전히 마음속엔 불씨가 남아 있었지만, 그것을 지켜 낼 의지는 흐릿해져 있었다. 시간이 흐르며 단체의 방향이 처음 품었던 가치와 어긋나는 걸 느꼈기 때문이다.

출퇴근을 멈추자 오히려 마음은 가벼워졌다. 햇살을 마주하며 느긋하게 시간을 음미하던 어느 날, 오랜 인연의 한 관계자가 조심스럽게 말했다.

"작은 장애인 매체에 이름을 올려 주시면, 많은 이들에게 힘이 될 겁니다."

그 말에 망설일 이유는 없었다. 그렇게 그는 다시, 남아 있던 열정을 태우기 시작했다.

그러나 곧 예상치 못한 고단함으로 이어졌다. 기존 운영진의 사정으로 내부는 불안정했고, 그는 복지 현장에서 쌓은 경험을 살려 조직을 정비하는 데 나섰다. 외부 신뢰도까지 높이기 위해 애쓰며, 기초 행정부터 최고 책임자의 역할까지 도맡게 되었다.

이름만 빌려준 자리에서 실제로는 모든 실무를 떠맡은 그는, 심지어 재정 결정에서조차 배제되어 있었다. 통장 잔액조차 모른 채 기반을 다져 나가는 모습은, 마치 칠흑 같은 밤에 맨주먹으로 전진하는 투사의 형국이었다.

행정기관에서 예산을 확보하고, 광고 수익을 올리는 일까지 온전히 그의 몫이었다. 과중한 책임에 허덕이던 어느 날, 그는 자신에게 조용히 물었다.

'나는 왜 이 자리에 있는 걸까?'
'이제는 나를 돌볼 때가 아닐까?'

정책 변화로 지원이 줄고, 급기야 몇 달간 급여까지 체불되었다. 그는 생각했다. 아무리 장애인복지에 필요한 일이더라도, 이젠 누군가를 대신해 책임질 힘도, 확신도 사라졌다고.

그 무렵, 지지해 주던 몇몇 외부 인사들이 다가와 말했다.
"지금까지 너무 잘해 오셨어요. 마무리도 멋지게 하셔야죠. 든든한 조직을 만들어서 다음 사람에게 넘겨줄 수 있도록 돕겠습니다."

그 말에 힘을 얻어 다시 한번 마음을 다잡았다. 그제야 통장을 들여다보고, 인감도장을 확인했다. '1년만 더 버텨 보자'고 결심할 즈음, 지분의 대부분을 소유한 항구적 운영진의 구조 변경 통보가 있었다.

예고 없이 들이닥친 결정 앞에서 그는 당황했지만, 스스로에게 말했다.

"이쯤에서 내려놓는 것도 괜찮겠지."

그렇게 그는 8년 넘게 헌신했던 자리를 미련 없이 버렸다.

일부에선 "공공성을 가진 조직이 사적 영리 수단처럼 운영되는 건 안타깝다"고 말했지만, 그는 담담히 입을 열었다.

"참 지혜로운 결정이었다고 생각합니다. 아무리 내가 키웠다 한들, 언젠간 밀려날 운명이었을지도 모르니까요."

그리고 덧붙였다.

"혈육 사이에서도 경쟁하고 양보하지 않는 세상입니다. 더 오래 머물렀다면, 아마 회복하기 어려운 상처를 입었을 거예요. 비록 손에 남은 것은 없어도, 인생 말년에 '좋은 일을 했다'는 자부심 하나로 충분히 위로받고 있어요."

등껍질 아래 따뜻한 심장을 가진 거북이

깊은 숲 어귀, 따스한 햇살이 드는 평지에 거북이 한 마리가 살고 있었다. 거북이는 느리지만 끈질겼고, 상처를 감싸 안는 법을 오래 배운 동물이었다. 수많은 계절을 지나며 다친 짐승들을 돌보고, 먹이를 나누고, 이웃의 짐을 대신 짊어지며 살아왔다.
그래서 숲속 동물들 사이에서 거북이는 '등껍질 아래 가장 따뜻한 심장을 가진 이'로 불렸다.

어느 날, 병든 매가 숲의 신문 바위 위에 앉아 날갯짓도 하지 못한 채 청했다.
"거북이 형님, 이 신문 바위가 위태롭습니다. 당신 같은 이가 여기 앉아 준다면, 다들 든든해할 겁니다. 그냥 이름만, 이름만 빌려주세요."
거북이는 주저하지 않았다. '힘이 되어 달라'는 말 앞에서 그는 언제나 느려도 망설이지 않았다.

그리하여 신문 바위엔 '거북이'라는 이름이 새겨졌고, 그곳에는 아픈 주인 매와 그의 자식인 병아리들이 편히 앉을 수 있었다. 사실은 긴 시간을 비행한 매는 탈진해 날 수 없었고, 병아리들은 날개가 있지만 먹이를 찾을 줄 몰랐었다.

자연스레 거북이는 부바위장, 이어 공동바위장, 끝내 바위의 대표가 되었다. 거북이는 숲 이곳저곳을 다니며 바위에 실을 이야기를 모았다.
 다람쥐와 고슴도치, 사슴과 부엉이, 너구리와 담비, 살쾡이와 늑대, 여우와 토끼. 달팽이와 지렁이 등등의 목소리를 실어 나르며, 바위는 조금씩 반듯해졌다. 하지만 거북이는 통장의 나무를 본 적도 없고, 도장돌도 만져 본 적이 없었다.

 그저 바위에 새겨진 이름만이 그의 몫이었다. 그러던 어느 날부터, 바위의 균열이 거북이에게만 향하기 시작했다. 예산의 씨앗을 구하고, 광고의 열매를 따야 하는 일도 모두 그의 몫이 되었다.
 급기야 매의 오래된 빚까지도 거북이의 등껍질로 옮겨 왔다. "거북이는 잘 참아. 거북이는 다 받아들여."
 그들은 거북이의 느림에서 인내를, 껍질에서 침묵을 읽었고, 그것을 약점이라 여겼다.

 하늘에서 예산비가 내리지 않자, 1년이 넘도록 굶주림의 바람이 불었다. 바위에선 더 이상 열매가 자라지 않았고, 그 책임도 거북이의 몫이었다. "왜 거기 앉은 거냐?", "너 자신도 돌보아야 하지 않겠니?"

 그렇게 거북이는, 8년이 훨씬 넘게 지켜 온 바위에서 내려왔다.
 돌아보면, 참 잘한 일이었다. 아무리 바위를 다듬었다 한들, 매 가족에겐 거북이가 불편한 돌멩이에 불과했을 것이다. 이름만 남긴 도장의 의미로만 쓰였으니까.

사연을 아는 살쾡이가 말했다. "만약 더 걸었더라면, 등껍질마저 부서졌을 것이다"라고.

그러나 지금 거북이는 안다. 그 모든 고행이 껍질 안에 진주처럼 내공을 빚었다는 것을…

"이름을 빌려준다고 마음까지 빌려준 건 아니다. 떠날 줄 아는 용기 또한, 거북이의 미덕이었다."

에필로그(Epilogue): 내려놓음의 은혜

책임과 권한의 불균형, 혈연 중심 조직의 폐쇄성, 진정성의 이용, 소진과 회복, 퇴임 후의 자유와 성장으로 이어진 이야기다.

그는 '이름만 대표'인 가짜였지만 열정만큼은 진짜였고, 끝내 '도장 하나'쯤으로 취급받았던 씁쓸함… 하지만 내공을 길러낸 자신을 긍정하며 마무리 지은 결단이 남다르다.

진실로 우리 사회가 장애인과 그를 돕는 일이 얼마나 정직하고 투명해야 하는지를 다시 생각해야 한다.

일생을 장애인복지 현장에서 묵묵히 헌신한 삶과 고난, 그 과정에서 겪은 배신과 상처를 담담하게 말하고 싶다.

"내가 너를 결코 버리지 아니하고 네게서 떠나지 아니하리라."(히브

리서 13:5)

"주께서 너를 지키시리니 낮의 해가 너를 상하지 못하며 밤의 달도 너를 해치 못하리로다."(시편 121:6)

💊 알약

"성공은 최종적인 것이 아니며, 실패도 치명적인 것이 아니다. 중요한 것은 계속할 용기이다." - 윈스턴 처칠

"우리가 겪는 일들이 우리를 정의하지 않는다. 우리가 그것에 어떻게 반응하는지가 우리를 만든다." - 에픽테토스

"하나님은 우리를 연단하실 때 우리를 포기하지 않으신다." - 빌리 그레이엄 목사

공감의 장

_____

_____

_____

3

느리게 가는 시계

나는 아침에 눈을 뜨면 시계를 보지 않는다. 굳이 시간에 매이지 않아도 하루 24시간을 온전히 살아 내는 데에는 아무런 문제가 없기 때문이다.

마치 달팽이처럼, 내 몫인 24평의 공간을 나만의 작은 우주 삼아 느릿느릿 움직인다. 몇 걸음이면 부엌이고 또 몇 걸음이면 침대인 이 안전한 구역 안에서, 아침을 먹었는지, 점심을 먹었는지조차 가물가물할 때가 많다.

희뿌연 눈길로 창밖을 바라보면, 공공임대 아파트 화단에 계절 따라 옷을 갈아입는 나무들이 보인다. 그 나무들은 내게 거대한 시계이자 묵묵한 친구다.

나는 등이 굽은 채 70여 해를 살아왔다. 다섯 살 무렵, 봉당에 쌓여 있던 쌀가마니 더미가 무너지며 내 몸을 덮쳤다고 한다. 목숨은 건졌지만 등뼈가 부러져, 키 작은 장애인이 되었다. 어둠 속에 묻힌 기억들이 간간이 떠오르지만, 무거운 쌀가마니가 등골을 누르던 그 순간만은 아직도 꿈결처럼 선명하다.

그나마 팔다리를 쓸 수 있었기에 순박한 농부와 결혼했다. 아들딸 두 남매를 낳고, 잠자는 시간도 아껴 가며 부지런히 살아왔다. 논밭을 일구고 아이들을 키우고 병원에도 다니며, 이웃 마을 시부모님을 돌보았다.

그 속에서 나는 가족에게 없어서는 안 될 존재였다. 그러나 몇 해 전부터 그저 '건강하기만 하면 제 몫을 다하는 사람'으로 전락했다.

평생 고혈압으로 고생했던 남편은 어느 날 갑자기 쓰러져 하늘나라로 떠났다. 아이들은 각자의 둥지를 틀고 독립했다. 나는 이제 노쇠한 몸과 느린 다리의 통증을 달래며, 그저 조용히 느리게 헤엄치듯 살아가고 있다.

가끔은 나를 위해 밥상을 차린다. 오래되었지만 여전히 쓸 만한 전기밥솥에 쌀을 씻어 넣고, 복지관에서 배달된 반찬을 냉장고에서 꺼내 창가에 놓인 작은 상 위에 조심스레 올린다.

"잘 지내셨어요?"

복지관 사회복지사의 전화가 나에게 살아 있음의 징표다.

"그럭저럭요."

대답하며 목이 메어 올 때가 있다. '할머니, 수급자, 장애인'이라는 이름이 스스로를 작아지게 하는 잣대였다. 장애인의 평균 수명은 비장애인보다 짧다는 이야기를 들은 적이 있다. 그래서 내 몸이 보통 사람보다 더 빨리 늙을 거라는 사실은 알고는 있었지만 막상 닥치니 서글프다.

내 또래 이웃들이 부럽다. 아직 팔다리가 성해서 논밭을 누비고, 산에 올라 나물을 캐고, 개울에서 골뱅이를 건져 올리며 즐겁게 산다.

그들 틈에 끼이지 못하는 나는 화분에라도 꽃을 심으려 한다. 시들어 가는 내 오감에도 다시금 물을 주려는 것이다. 슬퍼할 틈도 없이 불편한 몸으로 달려온 생의 끝자락에서, 나만이 해야 할 일을 스스로 만들어 내고 싶다.

느릿느릿 달팽이 할머니의 하루

숲 가장자리, 바람에 덜렁거리는 잎사귀 밑에 달팽이 할머니가 살고 있었습니다.

할머니의 별명은 '느림보 번개'. 왜냐고요? 느리긴 엄청 느린데, 어디서든 꼭 나타나거든요. 물론 언제 도착할지는 아무도 몰라요. 아침에 눈을 뜨면, 할머니는 시계를 보지 않았어요.

"시계가 나보다 빨라서 보기 싫어!" 할머니는 그렇게 말하며, 해가 중간쯤 떴을 때 일어나 간신히 아침밥을 먹습니다. 가끔은 밥을 먹었는지 안 먹었는지도 잊어버리지만, 괜찮아요.

"잊어버리면 또 먹으면 되지!" 할머니는 그렇게 점심을 두 번 먹은 날도 있었답니다.

할머니는 어릴 적, 숲속 바위가 '쿵!' 하고 무너지는 바람에 등에 찌그러진 껍질을 달고 살게 되었어요. "뭐, 빈티지도 멋인 걸?" 할머니는 그렇게 껍질을 반짝이 풀로 꾸미며 쓰다듬었지요.

느린 몸으로도 할머니는 열심히 살았어요. 근면 성실 토끼 씨와 결혼해 사랑스러운 아기 달팽이 둘을 낳았고, 하루 종일 잎사귀를 모으며 가족을 부양했답니다. 토끼 남편은 너무 성격이 급해서, 종종 "나 먼저 갔다 올게!" 하고 사라졌다가 어느 날 진짜 영영 숲 너머로 가 버렸어요.

세월이 흘러, 아기달팽이들도 모두 독립하고 할머니 혼자 남았습니다. 그래도 외로워하지 않았지요. 누워만 있어도 머리 위로 잎사귀 극장이 펼쳐졌거든요. 제목은 항상 같아요. "바람과 나뭇잎: 시즌 937". 할머니는 가끔 자신을 위해 식탁을 차렸습니다.

오래된 전기밥솥 대신, 햇볕에 데운 나뭇잎 접시였지요. 메뉴는 신선한 이파리 샐러드, 도토리 한 조각, 그리고 후식으로는 달콤한 진딧물 꿀 시럽!

하루 중 가장 신나는 시간은 복지관 다람쥐의 전화였어요. "잘 지내세요, 할머니?"

"그럭저럭이요. 나는 느리지만 아직 살아 있답니다."

그러던 어느 날, 할머니는 결심했어요. "나도 뭔가 일을 해야지. 세상에서 가장 느린 정원사가 되는 거야!"

그래서 작은 화분을 꺼내 꽃씨를 심었답니다. 꽃은 할머니보다 더 느리게 자라고 있었지만, 누가 이기나 해 보자는 마음으로 매일 물을 주었어요.

"어서 자라렴. 우리 둘 다 느려서 다음 계절까지 꽃을 못 볼지도 몰라."

그리고 할머니는 오늘도 느릿느릿 잎사귀를 누비며 생각했답니다.

"세상은 빠르지만, 나는 남은 인생을 달팽이 스타일로 마감을 할 거야."

에필로그(Epilogue): 느리게 피어나는 빛

이 글은 칠십 평생을 굽은 등으로 살아 낸 한 여성장애인의 따뜻한 일상을 담고자 했다.

쫓기지 않고, 남과 비교하지 않으며, 자신만의 리듬으로 하루를 보내는 그녀의 삶은 이미 완성에 다다른 듯 평화로워 보였다.

어린 시절 불의의 사고로 장애를 입고, 평생을 가족을 위해 헌신했으며, 이제는 혼자가 되었지만 불평하지 않고 외로움과 통증을 묵묵히 견뎌내는 그녀의 모습은 삶이란 무엇으로 채워야 하는지를 되묻게 한다.

복지관 사회복지사의 전화 한 통, 작은 화분에 꽃을 심는 일상의 의식. 그 소박한 행위들 속에 생의 존엄과 존재의 가치가 피어난다.

"오늘도 굽은 등이 두려움이 되지 않게 하시고,
작고 느린 우주가 나를 품는 쉼터가 되게 하소서.

내 이름 앞에 붙은 수많은 수식어보다,
계절 따라 옷을 갈아입는 화단의 나무처럼
삶의 끝자락에도 새순이 돋아나게 하시며,
누군가의 작은 위로가 되게 하소서."

💊 알약

"인간이 할 수 있는 마지막 자유는 어떤 상황에서도 자신의 태도를 선택하는 것이다." - 빅터 프랭클

"위대한 일은 결코 힘에서 나오지 않는다. 끈기에서 나온다." - 빈센트 반 고흐

"달팽이의 걸음에도 계절은 오고, 삶은 여문다." - 지소현

공감의 장

_____

_____

_____

4

나는 사장도 죄인도 아니다

"그냥 이름만 빌려주세요. 정말 잘될 겁니다. 책임은 전부 제가 질게요."
 남자의 말은 그녀의 마음을 뒤흔들었다. 마치 오래전부터 자신을 돕고 싶어 안달 난 사람처럼 느껴져 고마웠다. 게다가 지역사회에서 얼굴이 알려진 인물이었기에 믿음이 갔다.

 그녀는 열 살 무렵, 왼쪽 무릎을 심하게 다쳤다. 평생 불편한 다리와 함께 살아야 하는 몸이 되었다. 놀이처럼 대추나무에 올라갔다 떨어졌는데, 그 시절 시골에서는 병원에 간다는 게 외국에 가는 것만큼 어려웠다. 산을 넘고 물을 건너야 했고, 형편도 넉넉지 않았다. 민간요법으로 버티다 치료 시기를 놓친 탓에 결국 지체장애 4급 판정을 받았다.
 다행히도 부모님과 다섯 남매는 서로 정이 깊었다. 가족들의 지고지순한 보살핌 속에서 자란 덕분에 그녀는 세상을 향한 믿음과 긍정적인 마음을 잃지 않을 수 있었다.

하지만 50대 후반, 그녀의 가슴 한편에는 어느새 깊은 한숨이 자리 잡고 있었다.

건설 현장에서 일하던 남편은 5년 전 지병으로 세상을 떠났고, 두 자녀는 대도시에서 겨우 생계를 이어 가고 있었다. 주변 또래들이 손주들과 여유로운 노후를 보내는 모습을 볼 때면 부러움을 감출 수 없었다.

기초생활수급비로는 매달 벼랑 끝에 선 기분이었고, 음식점 설거지조차 할 수 없는 자신의 몸이 야속했다. 특별한 기술도, 배움도 없었다. 그런 그녀에게 날아든 '사장님' 제안은 달콤한 꿈 같았다.

"장애인 창업자로 등록하면 정부 지원도 받을 수 있어요. 이름만 빌려주시면 돼요."

가게가 생기고 간판이 달렸으며, 통장도 그녀 이름으로 개설됐다. '사장님'이라는 호칭이 붙자 어깨가 절로 펴졌다. 내 인생에도 이런 날이 오다니! 처음 맛보는 자긍심이었다.

도장 하나, 서명 하나에 미래가 열리는 것만 같았다. 자녀들에게 당당히 결혼 자금을 보태는 자신의 모습을 상상했고, 형제자매들과 여행을 떠나는 소박한 꿈도 품었다.

그러나 그 꿈은 오래가지 못했다. 가게에는 손님이 뜸했고, 빚이 쌓여 갔다. 며칠째 나타나지 않던 남자는 어느 순간 완전히 자취를 감췄다. 전화기는 꺼져 있었고 연락은 끊겼다.

그리고 어느 날, 가게 문에 붙은 붉은 종이가 그녀의 시선을 사로잡았다.

'압류'

그 두 글자에 심장이 철렁 내려앉았다. 남겨진 것은 3천만 원의 빚과 체납 고지서, 그리고 모든 서류에 또렷하게 찍힌 그녀의 이름 석 자뿐이었다. 그녀는 분명 피해자였지만, 법은 그녀를 가해자로 불렀다.

"이 사업은 당신 명의로 되어 있습니다."

병원비를 아껴 가며 변호사 사무실을 드나들었다. 결국 사기라는 결론을 얻었지만 고통과 책임은 고스란히 그녀의 몫이었다.

주변 친구들이 "왜 이름을 빌려주었느냐"고 물었다.

'나도 제대로 살아 보고 싶었어'라는 대답은 목구멍까지 올라왔으나, 그녀는 입을 다물었다.

다시 기초생활수급자가 되었고, 마치 무언가를 훔치다 들킨 사람처럼 저절로 고개가 숙여졌다. 하지만 살기 위해 마음을 다시 다잡았다.

"나는 사장도, 죄인도 아니다."

그녀는 노년의 초입에서 비로소 이름 석 자가 얼마나 무겁고 소중한지 깨달았다.

토끼의 재난 창업기

깊고도 수상한 숲속에, 다리가 조금 불편한 토끼 한 마리가 살고 있었습니다.

어릴 적, 호기롭게 나무를 타다 떨어져서 다리가 삐끗했지만, 토끼는 언제나 긍정왕!

"다리 하나쯤 불편하면 어때? 나머지 세 발로도 잘만 뛴다고!"

그러던 어느 날, 숲의 그럴싸한 인기 스타 너구리가 나타나더니, 은근슬쩍 토끼 귀를 잡고 속삭였습니다.

"야~ 토끼야~ 너 이름이랑 장애인증 좀 잠깐 빌려줘 봐~ 너도 금방 가게 사장 된다니까? 정부 지원금도 줄줄이 딸려 오고, 걱정 마!"

토끼는 솔깃했습니다.

'책임진다니? 역시 너구리 멋지다! 이것이 연예인 클래스!'

결국 너구리 말에 홀려 토끼는 도장을 '꽉!' 찍어 버렸죠. 며칠 뒤, 숲속에 토끼 이름으로 된 반짝반짝 가게 간판이 걸렸습니다.

'★럭키래빗 디저트★'. 토끼는 자랑스러웠습니다.

"캬~ 내 이름이 간판이라니! 나 이제 진짜 CEO! 사장님은 여행 좀 다녀와야지~ 가게는 너구리가 알아서 하겠지 뭐~"

하지만 여행 갔다 돌아와 보니… 가게엔 손님 한 마리도 없고, 간판은 거미줄 치고, 우편함엔 빨간 '압류' 딱지가 딱!

그 유명한 너구리는? 전화 꺼짐 + 메신저 안 읽음 + 집엔 아무도 없음!

"압류? 이게 무슨 마법주문이야… 난 '해리포터' 아닌데…"

그렇게 토끼는 졸지에 숲속 사기 사건의 주인공이 되었습니다.

"왜 이름 빌려줬냐?" 친구들은 물었습니다.

"너도 알았으면서 왜?" 토끼는 쓴웃음을 지으며 대답했습니다.

"나도 한 번쯤은 멋있게 사장님 되고 싶었거든. '책임진다'는 말은 그냥 너구리의 특기인 줄 몰랐지."

결국 남은 건 빚더미와 교훈 한 스푼! 하지만 토끼는 다짐했습니다.

"이제 내 이름, 내 다리, 내 귀, 아무나 못 빌려줘! 진짜 사장은 직접 뛰고, 직접 굴러야지! 가난해도 솔직하게, 정직하게 살 거야!"

그 뒤로 숲속에서는 더 이상 '책임은 내가 질게!'라는 말이 농담으로도 안 통한다는 소문이 돌았습니다.

에필로그(Epilogue): 누구나 피해자가 될 수 있다

이 이야기는 한 여성이 삶의 무게를 견디며 쌓아 올린 권리의 기록이다. 가난과 장애를 딛고 가족을 지키려 애썼으나, 결국 사기라는 덫에 걸려 삶 전체가 무너질 위기에 놓였다. 그녀의 이름이 빚더미 위에 올라 죄인처럼 내몰리는 현실은 우리 사회 안전망의 허술함을 여실히 보여 준다.

그러나 그녀는 분명히 말한다. "나는 사장도, 죄인도 아니다." 이 글은 단지 한 여성의 고백이 아니라, 익숙한 자본주의의 민낯이며, 누구에게나 언제든 피해자가 될 수 있음을 일깨우고자 한다.

그녀는 억울함 속에서도 자신이 홀로 버려져서는 안 된다는 것을 깨달았다. 부디 이 글이, 언제 어디서든 생겨날지도 모를 예비 억울한 이름들에게 잊히지 않는 교훈이 되기를 바란다.

"상심한 자들을 고치시며
그들의 상처를 싸매시는도다. (시편 147편 3절)

아픈 몸과 마음으로 하루하루를 견디는
이들을 기억하소서.
불의가 준 고통 앞에 사랑과 위로를 부어 주소서.
억울함 속에서도 다시 일어설 힘을 허락하소서.
모든 상처받은 이들에게 평화와 치유를 주소서."

알약

"가장 어두운 밤도 결국은 끝나고 해는 떠오른다." - 빅터 위고
"당신의 현재 상황이 당신의 최종 목적지가 아니다." - 지그 지글러
"이름은 타인이 부르는 말일 뿐, 내 안에 담긴 것이 진짜 나다." - 지소현

공감의 장

5

나처럼 아프지 마라

아름다움을 숭상하는 사회에서, 나는 늘 가장자리로 밀려나 있었다. 남들과 다른 걸음걸이 때문이었다.

거울 앞에 서는 일조차 꺼려졌다. 비뚤고 불안한 자세로, 차별과 배제의 늪 속으로 서서히 빠져들어 갔다. 그래서 오랜 시간, 나는 고독했다.

그러던 어느 날, 견고한 편견의 감옥에서 나를 꺼내 준 작은 사건이 있었다. 학창 시절부터 알고 지낸 친구와 오랜만에 깊은 대화를 나누던 중이었다. 나는 조심스레 그동안의 상처와 두려움을 꺼내 놓았다. 친구는 눈을 감은 채, 말없이 귀 기울여 주었다.

"지금 너는 누구보다 당당하게 빛나고 있어. 그게 진짜 아름다움이야."

그 말은 내 안으로 햇살 한 줄기를 끌어들였다. 흔들리는 내 뒷모습조차 드러내기 싫었던 어둠이 스르르 물러났다. 가슴 깊이 안도감이 밀려들었고, 세상을 다 가진 듯한 충만함이 나를 감쌌다.

　우리는 모두 한 시대를 함께 살아가는 동반자다.
　'불쌍하다'거나 '힘들겠다'는 동정보다, '함께'라는 관계 속에서 허물없이 나누는 교감이야말로 가장 큰 위로다.
　그래서 지금, 외로움 속에 있는 누군가가 있다면 조심스레 전하고 싶다.

　"너는, 나처럼 아프지 말라."
　"절망을 희망으로 바꾸는 빛이, 어느 날 문득 스며들 것이다. 아직은, 따뜻하고 진실한 사람들이 남아 있으니까. 나는 이 작은 기대를 믿으며, 오늘도 글을 쓴다."

삐뚤삐뚤 다람쥐 '꼬돌이'

　숲속에서 제일 빠르고 날렵하기로 유명한 동물은 바로 다람쥐들이었어요. 그런데 그중에 조금 다른 다람쥐가 하나 있었지요. 이름은 '꼬돌이'.
　이름처럼 꼬리가 남들보다 훨씬 길고 꼬불꼬불했고, 나뭇가지에서 뛸 때마다 중심이 자꾸 삐끗삐끗했어요.
　"꼬리가 너무 무거워서 저러나 봐." "에이, 좀 불편하게 생겼네."

동물 친구들은 조용히 수군대기 시작했고, 꼬돌이는 점점 더 나뭇가지의 끝자락에 머무는 시간이 많아졌어요.

호숫가에 비친 자기 모습을 볼 때면, 괜히 모래를 발로 툭툭 차곤 했지요. "다른 애들처럼 반듯하게 생겼으면 좋겠어…"

그러던 어느 날, 오랜만에 고슴도치 친구 '찌리'가 놀러 왔어요. 찌리는 어릴 적부터 꼬돌이와 가장 친했던 친구였어요. 둘은 도토리를 반으로 나눠 먹고, 나뭇잎 배를 함께 접던 사이였죠.

꼬돌이는 용기 내어 털어놓았어요. "찌리야. 나 요즘 사람들 앞에 나가기 싫어. 다들 내 꼬리만 봐."

그러자 찌리는 웃으며 말했어요.

"야, 너 그거 몰라? 네 꼬리 때문에 네가 멀리서도 제일 멋있게 보여! 나 어릴 땐 너 따라 하려고 가시에다 털 붙이고 다녔잖아!" 꼬돌이는 깜짝 놀라 고개를 들었어요. 갑자기 어둡고 추웠던 마음속에 따뜻한 기운이 번졌어요.

그날 이후, 꼬돌이는 더 이상 나무 꼭대기에서 숨어 있지 않았어요.

길게 늘어진 꼬리는 여전히 흔들흔들했지만, 그건 숲속에서 가장 멋진 깃발이 되었지요.

"세상이 정해 놓은 '예쁜' 틀에 갇히지 마. 누구나 자기만의 꼬리가 있는 거야. 그러니 모두들 자기 모습에 아파하지 말라구!"

그날 이후, 숲속에는 당당한 동물들이 하나둘 늘어나기 시작했어요. 삐뚤빼뚤해도 괜찮고, 흔들흔들해도 괜찮은 숲. 누구나 자기만의 꼬리를 흔들며 걷는 그런 숲이 되었답니다.

에필로그(Epilogue): 진심은 서로를 구한다

나는 가끔, 내 마음 깊은 곳에 감춰 두었던 편견과 마주친다. 내가 내 마음의 중심에서 비켜선 그때부터다. 어찌 스스로 평가절하하며 살았을까. 차라리 세상에 내가 없기를 바라는 마음이었으리라.

그런 나를 나보다 더 깊이 안아 준 사람이 있었다. 여고 시절부터 이어져 온 단짝이다. 같은 밥을 나누고, 시도 때도 없이 안부를 물어 주던 친구. 그였기에 나는 내 속마음을 꺼내어 내보일 수 있었다. 그리고 마침내 내가 만든 잣대를 부술 수 있었다.

그래서 이제는 나도 누군가의 부끄러움을 밀어내 주고 싶다. 아파하는 단 한 사람에게라도 조심스럽게 말을 걸고 싶어서, 이 글을 썼다.

"굽은 다리에도 꽃이 피게 하시고,
흔들리는 마음에도 빛을 심어 주소서.
우리 서로를 바라보게 하시고,
아무도 혼자 울지 않게 품어 주소서."

🔴 알약

"당신이 진짜로 아름다운 것은 당신이 완벽해서가 아니라, 상처투성이인 그대로 사랑할 수 있기 때문이다." - 루피 카우르

"그대의 약함을 부끄러워하지 말라. 그것은 그대가 인간임을 증명하는 가장 순수한 증거다." - 노자

"밀려난 자리에서 그 현장의 중심을 꿰뚫어 볼 수 있다." - 지소현

공감의 장

_____

_____

_____

제5부

그래도 살다 보면

프롤로그

돌아보면 가장 고통스러웠던 순간들이
나를 나답게 만드는 근원이 되었다.
그래서
롤러코스터 같은 나날을 무사히 살아 낸 내가 자랑스럽다.

1

세상에서 가장 슬픈 고백

사람의 나이 스물다섯. 벅찬 도전과 꿈들이 싹트고, 이성 간 설렘과 교감을 나누며, 아무리 달려도 지치지 않는 힘이 요동칠 때다. 그러나 그 시절의 나에게는 빛이 들어오지 않았다.

'제대로 걷지 못한다'는 거대한 꼬리표가 모든 가능성을 덮어 버리는 장막이었다. 그럼에도 가끔은, 갈증처럼 목마른 그리움이 솟았다. 환한 빛깔로 돋아나는 본능의 세포, 사랑이었다. 가당찮다고 애써 외면할수록 울렁거림은 더 거세졌다.

어느 봄날, 복지관이 주최한 야외 프로그램에서 그를 만났다. 그는 자원봉사자로 참가한, 웃는 얼굴이 매력적인 건장한 청년이었고, 나는 그의 손에 의해 밀리는 휠체어의 주인이었다.

내가 떨어뜨린 물건을 주워 주고, 식당 문을 열어 주는 그의 자상함에 숨이 막힐 정도였다. 있는 그대로의 나를 받아 주는 그가 끝까지 함께

할 이성이라면 얼마나 좋을까, 그런 상상을 했다. 프로그램이 끝날 무렵 눈물이 날 뻔했다.

내 마음을 읽기라도 한 듯 그는 사람들 눈을 피해 연락처를 물었고, 나는 망설임 없이 전화번호를 건넸다.

"도울 일이 있으면 도울게요." 그 한마디에 가슴이 환해졌다. 그렇게 우리는 천천히 청춘 남녀 사이가 되었다. 나는 그가 나를 구원할지도 모른다고 믿었다.

작은 임대아파트에서 혼자 살며 만화의 기초 과정을 배우고 있었던 시절이었다. 하루 종일 그의 얼굴을 그렸으며 싫증도 나지 않았다. 그가 웃으면 나도 웃었고, 그가 외롭다 말하면 온 마음으로 곁을 내주었다. 그는 자연스레 내게서 많은 것을 가져갔다. 시간, 마음, 일상, 심지어 통장까지도.

그렇게 불완전한 행복이 이어지던 어느 날, 그는 말도 없이 사라졌다. '연락 두절.' 고문 같은 길고 긴 60여 일이 지난 후, 드디어 그가 모습을 드러냈다. 반가움에 뛸 것 같은 나와는 달리 담담히 말했다.

"결혼했어. 너도 더 좋은 사람 만나." 그 순간, 나는 아무 말도 할 수 없었다. 신부는 물론, 비장애 여성이겠지….

나는 최대한의 자존심을 붙들며 "행복하게 살아." 하고 말했다. 처음부터 자격이 없다고 여긴 사랑이었으니까 따지고 싶지도 않았다.

그러나 그가 떠난 후에, 나는 온 생을 통틀어 가장 많은 눈물을 흘렸다. 분노와 질투, 자괴감과 절망이 엉켜 숨이 막혔다.

"선택받지 않아도 괜찮아. 어차피 그는 처음부터 없던 사람이었어."

서서히 자리에서 일어선 내가 나에게 말했다. 그 체념을 섞은 혼잣말은 마음이 흔들릴 때마다 방패가 되어 주었다. 그 방패는 사는 동안 내내 가슴을 가려 주었고 세상에서 가장 슬픈 그림이 새겨져 있었다.

초원의 들쥐와 꽃사슴

들쥐는 초원의 가장자리에 작은 굴을 파고 살았다. 태어날 때부터 한쪽 다리가 짧아, 다른 친구들처럼 빠르게 달릴 수 없었다. 하지만 그림을 잘 그린 그는 꽃잎을 베개 삼아 누워 구름을 바라보며 상상을 펼치며 놀았다. 그런데 언제부터인가 마음 한편엔 비밀스러운 갈망이 생겨났다.
"나도 언젠가는 누군가를 사랑하게 될까?"

어느 봄날이었다. 들쥐는 초원 보호센터에서 주최한 '자연과 친구 되기' 행사에서 봉사활동을 하러 온 꽃사슴을 만났다. 눈이 맑은 꽃사슴은 굴곡진 초원길에서도 들쥐의 수레를 조심스럽게 밀어주었고, 떨어뜨린 도토리도 정성껏 주워 주었다. 들쥐는 심장이 철렁했다.
'이 아이, 날 봐 주는 걸까?' 행사가 끝날 즈음 꽃사슴은 주변 동물들의 눈을 피해 조용히 들쥐에게 말했다.
"혹시 도움이 필요하면 언제든 연락해." 들쥐는 머뭇거리지 않고 풀잎에 적은 자신의 주소를 건넸다. 그리고 초원의 끝과 끝을 오가는 편지가 시작됐다.

 꽃사슴은 들쥐의 굴을 자주 찾았고, 들쥐는 행복해서 날마다 새로운 그림을 그렸다.

 '이 아이가 나의 평생 동반자가 될 수도 있는 걸까?' 들쥐는 마음의 문을 활짝 열고 자신이 가진 모든 것을 내주었다. 풀잎 차, 도토리 쿠키, 따뜻한 낮잠 자리, 그리고 마음까지도. 그러나 어느 날부터인가, 꽃사슴은 찾아오지 않았다.

 이틀, 삼일, 일주일, 한 달, 두 달. 들쥐는 초원의 바람에 귀를 세우며 꽃사슴을 기다렸다. 어느 날, 초원 한가운데서 마주친 그가 고개를 숙이며 말했다. "나, 결혼했어. 그러니까 이제 잊어 줘."

 들쥐는 아무 말도 하지 못했다. 다만 조용히 고개를 끄덕이며 말했다. "행복하게 살아." 그리고 꽃사슴이 사라진 뒤 평생 흘리지 않았던 눈물을 굴속 가득 흘렸다.

 초원의 밤은 길었고 지루했다. 하지만 시간이 흐르자 들쥐는 다시 작은 붓을 들었다. 이젠 꽃사슴의 얼굴이 아닌 자신을 위한 풍경을 그렸다.

 그리고 말했다.

 "선택받지 않아도 괜찮아. 나를 사랑하지 못한 건 그가 아니라 나 자신이었는지도 몰라."

 들쥐는 굴 앞마당에 이렇게 써 붙였다. "여기, 스스로를 사랑하기로 결심한 들쥐 한 마리 살고 있음."

에필로그(Epilogue): 마음 깊이 울리는

    이 글은 나와 자주 만나던 그녀를 떠올리며 썼다. 스물다섯, 청춘의 정점에서 겪은 깊고도 처절한 사랑의 상처를 내게 털어놓던 날 마음이 무거웠다.
    상대의 비열함을 따지기 전에 스스로를 탓하며 끝내 버린 사랑은 도대체 무엇이었을까. 일방적으로 주기만 해도 행복하다고 믿었던 사랑은 목마름이었을까. 아니면 누구라도 좋았을 인생의 통과의례 과정 중 하나에 불과했던 걸까.

    지난날을 따져 묻는 것은 무의미하지만 나는 그녀가 배신을 딛고 다시 일어선 것만으로도 아름답다고 믿는다. 가끔 그녀가 떠오르면 기도를 올린다. 보이지 않는 파장이 그녀에게 닿아 평화가 스미기를 바라면서 말이다.
    "너희를 만지는 자는 그의 눈동자를 만지는 것이라."(스가랴 2:8)

"상처받은 영혼에게 새길을 내시는 분이시여!
  지난날의 눈물을 씻어 주시고,
  그 마음에 평안을 심어 주소서.
  과거에 머물지 않게 하시고
  삶에 새로운 기적을 베풀어 주옵소서."

💊 알약

"아픔은 우리의 영혼을 깨우는 메시지다. 그것을 피하지 말고 마주하라." - 헬렌 켈러

"상처는 성장의 흔적이며, 치유는 새로운 시작의 증거다." - 시드니 J. 해리스

"존재만으로도 의미였던 사람은, 결국 나 자신이었다." - 지소현

공감의 장

_____

_____

_____

2

엄마라는 이름 앞에서

　나는 언제나 '엄마'라는 이름 앞에서 기쁨과 슬픔 사이를 헤매곤 했다. 사랑하는 마음이 일렁일수록 온전히 돌보지 못한 미안함이 무겁게 내려앉았다. 솔직히 고백하자면, 그 감정은 오래도록 나를 짓눌렀던 죄책감이었다.

　아들을 처음 품에 안던 순간, 세상을 다 가진 듯 가슴이 벅찼다. 그러나 아이가 자라날수록 불안도 함께 자라났다. '사람들 앞에서 엄마의 모습이 부끄럽진 않을까.' 아이의 천진함과 건강함에 안도했지만, 유치원 첫 가족 운동회 날 나는 염려했던 현실을 마주했다.
　다른 아이들은 엄마 손을 꼭 잡고 신나게 춤을 추는데, 내 아들은 내 동생, 그러니까 이모의 손을 잡고 참가해야 했다. 나는 환한 미소로 응원했으나 학창 시절 내내 괴롭혔던 소외감을 다시 만났다.

세월이 흘러 아들은 군대에 갔다. 나는 단 한 번도 면회를 가지 못했다. 엄마의 모습이 혹여 아들에게 부끄러움이 될까 두려웠기 때문이다. 대신 군복 입은 늠름한 아들을 틈틈이 사진으로 들여다보았다. 한겨울 혹한기 훈련 날에는 창문을 열어놓고 잠을 청했다. 그리운 아들이 견디는 추위를 함께 나누고 싶어서였다.

아들은 제대 후 취직을 했고, 사랑하는 여자를 집으로 데려왔다. 맑고 고운 얼굴의 며느리 앞에서 나는 다시 움츠러들었다. 아들에게서도 조금은 작아진 듯한 조심스러운 거리감이 느껴졌다.

겉으로 보기엔 두 아들 모두 키가 크고 말이 바르며 책임감도 강했다. 그러나 최근에야 비로소 두 아들이 얼마나 깊은 고통과 싸워 왔는지 알게 되었다. 작은아들은 공황장애와 외롭게 싸웠다. 사소한 일에도 숨이 막히고 머리가 쪼개질 듯한 공포를 혼자 감당했다니.

큰아들은 강박 증세를 이겨 냈다. 무엇이든 몇 번이고 만지고 확인해야만 겨우 안심할 수 있었던 아이였다. 장애인 부모 밑에서 자라는 자녀들에게는 전문적인 정서적 지원이 필요하다는 것을 알면서도, 나는 내 아이들만은 괜찮을 거라 믿었다.

그 믿음 속 오류를 넘어, 두 아들은 묵묵히 자신들의 성장 과업을 무사히 이루어 냈다. 그래서 나는 요즘 날마다 감사하며 기도한다.

엄마로서 남다른 방식으로 사랑하며 살아온 시간이, 생을 마감하는 날까지 연단된 순금처럼 빛나기를.

바람이 속삭일 때

　울창한 숲속에 다리가 불편한 엄마 사슴이 아기 사슴 두 마리를 지극히 사랑하며 살아갔다. 그녀는 약한 다리로 인해 먹이를 구하는 일이 힘겨웠다.
　숲은 무자비한 늑대들이 어슬렁거리고 독수리처럼 날쌘 새들이 먹이를 노리는 위험한 곳이었다. 엄마 사슴은 느린 탓에 위험을 피해 멀리 도망치기도 쉽지 않았다.

　어느 가을 저녁, 엄마 사슴은 아픈 다리를 질질 끌며 힘겹게 두 마리 아기 곁으로 다가갔다. 그녀의 눈빛에는 피로와 걱정이 가득했다.
　작은아기 사슴이 떨리는 목소리로 엄마를 부르며 말했다.
　"내 마음이 너무 무거워서, 가끔 숨 쉬기도 힘들어."
　큰아기 사슴도 고개를 숙이며 조용히 말했다.
　"나도 그래, 엄마. 확실하지 않은 게 많으면 마음이 불안해져."
　엄마 사슴은 가슴이 저려 왔다.

　"나도 늘 너희에게 든든한 믿음과 좋은 것만 주고 싶단다. 하지만 아픈 다리가 나를 옭아매고, 숲속은 날이 갈수록 위험해져."
　가끔 느린 발걸음 때문에 뒤처지고, 무서운 늑대의 눈빛에 숨을 죽이던 일들을 잊을 수가 없었다.
　작은아기 사슴은 엄마의 목을 꼭 감싸안았다.

"엄마, 괜찮아. 우리가 엄마를 지켜 줄게."
엄마 사슴은 두 아기에게 다가가 부드럽게 속삭였다.
"사랑하는 아이들아, 우리 함께라면 어떤 어려움도 이겨 낼 수 있어."
"우리 함께 견디자."

그 순간, 부드러운 바람이 불어와 그들을 감싸안았다. 엄마 사슴과 아기 사슴들은 천천히 숨을 고르며 서로의 눈을 바라보았다. 두려움과 외로움으로 쌓였던 마음의 벽이 허물어졌다.
셋이 뭉친 숲길은 무서움보다 작은 희망의 빛이 피어났다.

에필로그(Epilogue): 숨겨진 상처를 들여다보며

누구에게나 '엄마'라는 이름은 사랑의 또 다른 이름이다. 그러나 나에게 그 이름은 미안함과 자책의 그림자를 동반했다. 사랑하고 아끼는 마음이 너무 커서, 오히려 감추고 물러나야 했던 시간들.

나는 내가 자식의 짐이 될까 늘 염려했다. 그러함에도 두 아들은, 미약한 엄마를 버팀목 삼아 스스로 다듬으면서 일어섰다. 비록 자주 손잡아 주지 못했고, 어린 날 함께 달리지 못했지만 내 마음은 언제나 그들 곁에 있었다. 이제야 조금은 깨닫는다. 어쩌면 나는 아들들에게 결코 작지도, 미안하지도 않은 엄마였으리라고.

"때로는 부족함에 눈물짓고,

때로는 죄책감에 무너지던 나를 붙들어 주소서.

내 아이들의 깊은 상처가 회복되고,

내 사랑이 순금처럼 단단히 빛나게 하소서."

💊 알약

"고통은 잠시지만, 그 속에 머문 사랑은 영원하다." - 헨리 나우웬

"사랑하는 사람에게 가장 큰 선물은 당신이 견뎌 온 모든 시간과 그 안에 담긴 진심이다." - 루이자 메이 올컷

"모정은 완전함이 아니라, 부족함 속에서도 끝까지 남는 마음이다."
- 지소현

공감의 장

3

블룬펠지어쟈스민 향기 속의 어머니

3월 초순쯤이면 우리 집 거실은 블룬펠지어쟈스민 꽃으로 환해진다. 애지중지 가꿔 온 나만의 비법 덕분이다. 봄, 여름, 가을, 그리고 혹독한 겨울까지 햇볕이 잘 드는 베란다에 두었다가 1월 중순쯤 따뜻한 실내로 들인다. 그리고 가지가 앙상해질 때까지 잎을 모조리 떼어낸다. 그러면 보름쯤 지나, 참새 부리를 닮은 새순이 돋아나 좁쌀만 한 꽃망울을 머금기 시작한다. 이윽고 겨울의 끝자락과 새봄의 문턱에서 화분은 꽃다발이 되고, 집 안은 향기로 가득 찬다.

아직도 진갈색 겨울잠에 빠져 있는 창밖의 봄꽃 나무들을 바라보며, 나만의 꽃잔치를 벌인다. 마치 부자가 된 듯한 포만감이다. 그 충족감은 돌아가신 어머니에 대한 그리움과 맞닿아 있다. 내 삶을 온통 감싸던 거대한 사랑이 이 작은 꽃을 통해 다시 피어나는 것이다.

자그마한 체구의 어머니는 동그란 얼굴에 오목조목한 이목구비를 지닌 농촌 여인이었다. 그리고 옥양목 치맛자락이 휘파람을 불 정도로 부지런하셨다. 진흙 부뚜막은 대리석처럼 반듯했고, 무쇠솥은 검은 유리처럼 윤이 났다. 야무진 살림 솜씨에는 철저한 절약 정신도 배어 있었다.

비누가 물에 불어 닳을까 봐 함부로 담그지 않으셨고, 사십 리 읍내 장에 가실 때도 차비가 아까워 보따리를 머리에 이고 걸어 다니셨다. 덕분에 우리 오 남매는 배고픔 없이 보릿고개를 건디며, 그 시절 농촌에서는 드물게 모두 고등교육을 받았다. 내 앞에 피어 있는 블룬펠지어 쟈스민 꽃처럼, 피어날 때 진보라색이던 어머니의 젊음이 흰빛으로 바래 가며 더욱 눈부시게 만개한 것과 다름없었다.

그중에서도 몸이 약했던 늦둥이, 나에 대한 사랑은 하늘과 땅을 가득 채우고도 모자랐다.

내가 다리를 앓을 때, 어머니는 꼬박 2년 가까이 밤을 지새우며 당신만의 신앙인 조상님께 기도를 올리셨다. 차라리 내가 죽고 딸의 다리가 낫기를 바라는 속울음이 늘 동반되었다. 그 간절한 기도는 수많은 주사와 약보다도 강력했다.

마침내 내가 걸을 수 있게 되었을 때, 두 다리의 길이는 같지 않았다. 어머니는 내가 성인이 된 뒤에도 기도를 멈추지 않으셨다. 그리고 아버지의 임종 자리에서 전설 같은 부탁을 남기셨다. 아버지의 눈을 감겨 드리며, 저세상에서도 둘째 딸을 잘 보살펴 달라고 간청하신 것이다.

이처럼 끝없이 타오르는 사랑의 화신이던 어머니가 조상의 품으로 가시고, 언제든지 부르면 소리 없이 만날 수 있는 모녀 사이가 되었다.

어머니 생각을 불러오는 쟈스민!
언젠가 내 묘비명에도 이 꽃의 꽃말처럼 "신비롭고 자유로운 영혼"이라 새겨 달라 유언하고 싶다. 천상의 어머니가 이 반려식물과 감응하며 내 곁을 맴돌고 계시기 때문에.

(2022년 춘천여성문학 발표작 중 발췌)

향기 따라 헤엄치는 늙은 잉어 '비루'

깊은 산속, 햇살이 스미는 고요한 연못. 그 연못 바닥엔 한 마리 늙은 잉어 '비루'가 살고 있었다. 겉으로 보기엔 평범한 물고기였지만, '비루'에게는 남모를 비밀이 있었다.

매년 봄이 오기 전, 연못가 작은 바위 옆에 흐드러지게 피어나는 쟈스민 한 그루. 그 꽃은 바람을 타고 연못 아래까지 향기를 전했는데, 늙은 '비루'는 그 향기를 맡을 때마다 물살을 거슬러 올라가 바위 밑에 가만히 누웠다.

"오셨군요, 어머니…"

쟈스민은 그에게 단순한 꽃이 아니었다. 그것은 오래전 하늘나라에 간 어머니의 숨결이었고, 사랑의 기억이었다. 젊은 시절, '비루'는 연못에서도 가장 약한 새끼였다. 한쪽 지느러미가 기형이라 다른 물고기들처럼 유유히 헤엄치지 못했다. 먹이 쟁탈전에서 밀려나기 일쑤였고, 돌에 부딪혀 멍든 날도 많았다.

그때마다 어미 잉어는 깊은 물속까지 헤엄쳐 와 '비루'를 감싸며 말했다.
"얘야, 괜찮다. 내가 네 곁에 있으마." 어미 잉어는 매일 아침 먹이를 찾아 떠났고, 영양가 있는 벌레를 물어다 주었다. 그리고 밤이면 물풀 사이에 지느러미를 모으고 기도했다.
"제 물비늘이 벗겨진들, 우리 막내가 건강해진다면 좋겠습니다…"
그 기도는 물결보다 더 깊고, 산보다 더 컸다.
그러나 어느덧 세월이 흘러 어미 잉어는 강줄기를 따라 사라졌다. 그 해 봄, 연못가에 쟈스민 꽃나무 한 그루가 솟았고 흐드러지게 꽃을 피웠다. 늙은 '비루'는 그 꽃이 어미의 흔적임을 단번에 알아보았다.

그래서 매년, 쟈스민이 피기를 기다렸고, 꽃이 피면 그 아래서 향기를 맡으며 어머니를 떠올렸다.
"언젠가 나도 강을 따라 흘러갈 테지만, 이 향기만은 영원하겠지…"
'비루'는 천천히 몸을 돌렸다. 등을 쓰다듬는 물살 속에서 엄마 잉어의 목소리가 들려오는 듯했다.
"나는 언제나 네 곁에 있단다…"

에필로그(Epilogue): 꽃향기 속에 드리는 기도

진정한 사랑은 보이지 않더라도 늘 곁에 머물며, 어떤 시련도 이겨 내는 힘이 된다. 내 굴곡진 인생 속에서 어머니의 사랑은 환한 등불이었다. 병든 자식에게 어머니란, 단순한 사랑을 넘어선 가장 안전한 도피처요, 용기를 낼 수 있는 마지막 무기니까.

특히 아버지의 임종 순간, 귀에 대고 조상신이 되거든 둘째 딸을 꼭 보살펴 주라는 당부는 핵무기보다 강력하다.

그러한 어머니 모습을 닮은 자스민 꽃! 매년 봄의 길목에 간절한 시모곡을 부르게 한다.

"어머니
날이 갈수록 당신을 더욱 사랑합니다.
미안해서,
고마워서…"

알약

"사랑은 주는 것보다 기억하는 데서 더 깊어진다." - 빅터 휴고
"어머니의 사랑은 가장 강한 힘이다. 그것은 세상을 움직이는 원동력이다." - 마야 안젤루

공감의 장

_____

_____

_____

4

소귀에 경 읽던 그 사람

보릿고개 시절 우리 마을에는 서른을 훌쩍 넘긴 시각장애인 남자가 살고 있었다. 사람들은 그를 '풍열'이라 불렀다. 간간이 '김'이라는 성씨도 붙이는 것을 보면 부모님이 지어 준 소중한 본명일 것이다.

풍열 씨는 마을 사람들에게 특별한 존재였다. 생사와 길흉화복을 점쳐 주었고, 가을이면 집집마다 찾아다니며 고사를 지내 주었다. 혼례를 앞둔 집에서는 그가 길일을 골라 주기를 기다렸다. 가난한 이들이 그의 입에서 나오는 한마디에 마음을 기대곤 한 것이다.

그가 필요한 것은 사람뿐만이 아니었다. 소나 말이 병들면 그는 마구간 앞에 서서 경을 읽었다. 누군가는 "소귀에 경 읽기"라며 코웃음을 쳤지만, 풍열 씨는 두 손바닥을 비비며 정성을 다해 빌었다. 우리 집 황소가 쓰러졌을 때도 그랬다. 이마에 송골송골 맺힌 땀방울과 쉼 없이 웅얼대던 목소리가 지금도 생생하다.

들리는 말에 따르면, 풍열 씨는 전쟁 때 노무자로 끌려갔다가 두 눈을 잃었다고 했다. 나라에 눈을 바쳤지만, 돌아온 것은 가난과 외로움뿐이었다. 환갑이 다 된 홀어머니만이 유일한 의지처였지만, 그마저도 힘없고 가난했다.

어느 날, 만성 속병까지 있던 풍열 씨가 며칠을 앓다가 조용히 숨을 거두었다. 홀어머니도 몇 해 지나지 않아 세상을 떠났고, 그들의 오막살이 집만 다랑이 논둑 끝자락에 덩그러니 남았다. 그러나 그마저도 땅 주인이 헐어 버려 지금은 흔적조차 찾을 수 없다.

돌이켜보면, 소의 귀에 경을 읽던 그 젊은 사내와, 그 목소리를 숨죽여 듣던 산골 사람들의 모습이 가슴 아리다. 그 느낌이 내 삶 전체를 물들인, 물리칠 수 없는 본성과 닮아 있어서 그런지도 모른다.

경을 읽던 노총각 염소

깊은 숲속, 두려움을 가득 품은 동물들이 모여 사는 마을이 있었다. 그 마을 가장자리에는 앞을 보지 못하는 노총각 염소가 있었다.

한때는 날카로운 눈빛으로 숲을 지키던 그였지만, 사나운 호랑이 떼가 마을을 덮쳤을 때 용감히 맞서 싸우다 두 눈을 잃고 말았다.

하지만 다행스럽게도 눈 대신, 숲의 소리를 듣고 미래를 살피는 지혜를 얻었다. 그는 수시로 마을 곳곳을 돌며 좋은 기운을 불어넣고 건강

을 빌었다.

"어둠이 깊을수록 빛을 잃지 말아야 해요. 서로의 손을 꼭 잡고 견뎌야 해요."

어느 날, 토끼 가족을 도우러 온 힘센 황소가 갑자기 병에 걸려 눈물을 흘렸다. 다급한 엄마 토끼는 노총각 염소를 찾아갔다. 그는 황소 앞에 앉아 나뭇가지로 땅을 두드리며 조용히 주문을 읊었다. 그러자 힘없이 누워 있던 황소가 부스스 눈을 뜨고 일어났다.

"내 두 눈은 보이지 않아도, 마음으로는 천사를 볼 수 있지요."
그런데 언제부터인가 노총각 염소는 마을을 돌지 않았다. 먹을 것을 제대로 챙기지 못해 몸이 쇠약해진 탓이었고 얼마 후에는 조용히 숲을 떠나갔다.
그러나 그가 남긴 믿음과 위로는 온 마을에 남아 있었다.

에필로그(Epilogue): 눈먼 헌신을 기억하소서

유년 시절, 산골 마을의 한 시각장애인에 대한 기억은 한 시대를 관통하는 울림이었다. 전쟁의 폐허 속에서도 또렷하게 남은 따뜻한 숨결이었으니까.
쓸모없다 손가락질받던 그의 '눈먼 주문'!

그는 소외된 존재였지만 자신의 몫의 삶을 게을리하지 않았다. 세월이 흐를수록, 그가 감내한 가난과 장애, 전쟁의 상흔이 내 안에서 더 선명해진다.

그의 경처럼 두서없는 나의 이 글도 갈피를 잡을 수 없는 누군가를 살려 내는 회복제가 되었으면 좋겠다. 절뚝이면서 급변하는 시대를 살아낸 기록이니까 말이다.

문득 성구 하나가 떠오른다.
"나는 맹인에게는 눈도 되고, 나리 저는 사에게는 발도 된다."(욥기 29:15)

"눈먼 헌신을 기억하소서.
허무맹랑한 기도였을지라도,
무지 속에 서로 기대어 살았던 그 마음만은 잊지 마소서.
누추한 이름들을 맡기오니,
그들 영혼 위에 따스한 빛으로 임하소서."

💊 알약

"믿음은 보이지 않는 것을 보게 하고, 불가능한 것을 가능하게 한다."
- 프랭클린 D. 루스벨트
"빛이 없는 곳에서 별이 가장 빛난다." - 찰스 A. 비어드

공감의 장

5

부끄러운 향기

　나의 40대는 극빈자의 나날이었다. 숨 쉴 틈 없이 조여 오는 결핍은 슬픔조차 느낄 겨를 없이 오감을 마비시켰다. 나는 오직 '할 일이 있다는 것'에 몰입하며 버텼다.

　두 아들을 둔 마흔한 살의 전업주부였던 내가, 장애인복지 현장 정식 직원으로 발탁된 것 자체가 기적이었으니까. 실수령액이 60만 원도 채 되지 않았지만, 그 의미는 실로 컸기에 불만은 사치였다.

　10대엔 국어 선생님이 되고 싶었다. 그러나 20대에 접어들며 그 꿈은 말라 버렸으며, 30대가 되면서 '장애인복지 일을 하고 싶다'는 새로운 소망이 피어올랐다. 민들레 홀씨처럼 가슴에 날아든 그 꿈은, 내가 자가용을 갖게 되면서 선명해졌다.

　당시 우리 지역에는 장애인 운전면허 신체 기능 검사 기관이 없어, 서울까지 가야 했다. 그 길은 여고 시절의 체력장 검사를 떠올리게 했고, 대학 진학을 포기했던 아픈 기억과 겹쳐 마음이 복잡했다.

검사장에는 나보다 중증장애인도 많았다. 그러나 그들의 눈빛은 생의 에너지로 반짝였다. 아마도 그 자극이 내가 장애인복지 현장에 정착하도록 했는지도 모른다.

문득, 여고 시절 나를 반장으로, 학생회장으로 세워 주던 친구들의 무언의 메시지가 떠올랐다.
"너는 우리와 같아. 포용력이라는 무기를 지녔고, 우리를 위해 봉사할 수 있는 사람이야." 아마도 친구들이 심어 준 자신감이 면역력이 되어, 가난의 고통을 견뎌 내게 했을 것이다.
13평짜리 아파트에 월세 20만 원을 내고 나면, 남은 40만 원으로 두 아들과 살아야 했다. 거기에 남편의 빚을 받으려는 채권자들의 방문까지 겹쳐, 어떤 날은 하루 종일 몽롱한 정신으로 지내기도 했다.
그런 상황에서도 '두 아들을 굶기고 싶지 않다'는 본능은 나를 시장으로 향하게 했다. 장을 볼 때면 참기름이나 들기름은 항상 목록의 맨 아래였고 결국은 값싼 식용유로 대신하곤 했다. 내게는 사치나 다름없는 양념이었으니까.

어느 날, 10여 년 만에 고향 친구를 길에서 우연히 만났다. 반가움에 포옹을 나누고 연락처를 주고받은 뒤, 각자의 길로 향했다. 그런데 친구가 서 있던 자리에 천 원짜리 지폐 두 장이 떨어져 있는 것이 보였다. 아마도 수첩을 찾느라 핸드백을 뒤지다 흘린 듯했다.
나는 "돈 떨어졌어!" 하고 외치려다 입을 다물었다. 친구가 멀어진 뒤

그 돈을 주웠다. 죄책감보다 두부 한 모라도 사야겠다는 절박함이 앞섰다. 부끄러움보다는 생존이 먼저였다.

그러한 나는 이동 수단 보장구인 자동차에 기름 넣는 일조차 버거웠다. 이틀에 한 번 단골 주유소에 들러 "만 원어치만 주세요."라고 말하곤 했다. 가득 채우지 못한 건 기름뿐만이 아니었다. 마음속 여유와 자존감도 늘 '만 원어치'였다.

하지만 덩치 큰 두 아들이 밥상 앞에서 "엄마, 밥 좀 많이 줘." 하는 그 한마디가, 꺼져 가던 자존감에 불을 지피는 기름이었다. 그 말이 나를 일으켰고, 나는 25년간 장애인복지 현장을 달릴 수 있었다.

이제는 멈춰 서서 글을 쓴다. 그날 천 원짜리를 흘렸던 친구는 지금 내 열렬한 독자다. 나는 조심스레, 수치심을 꺼내어 그날의 비밀을 고백했다. 친구는 웃음과 눈물이 뒤섞인 얼굴로 농담처럼 말했다.

"공소시효 지났네. 아휴, 더 흘릴 걸 그랬어."

모두 지난 일이다. 아픔도 들기름 한 방울처럼 흘러내리고, 수치심조차 향기가 되었으니, 참으로 다행이다.

수치감에도 공소시효가 있다

깊은 숲 가장자리, 잊힌 듯한 작은 움막에 고라니 '루미'가 살고 있었습니다.

루미는 두 마리 어린 새끼를 품에 안고, 하루하루를 근근이 버티며 살아가고 있었지요.

그의 삶은 언제나 결핍 위에 놓여 있었습니다. 따뜻한 햇살조차 움막 안에는 잘 들지 않았고, 겨울바람은 문틈을 비집고 들어와 온몸을 덜덜 떨게 했습니다. 루미의 마음은 차가운 돌처럼 굳어 있었습니다.

그래도 매일 아침 눈을 떴을 때, 자신을 올려다보는 두 아이가 그를 다시 살아가게 했습니다.

그가 약간의 돈을 받고 하는 일은 몸이 불편한 숲속 동물들을 돌보는 일이었지요.

어느 겨울 저녁. 눈 내린 숲길에서 우연히 오랜 친구, 다람쥐 '미코'를 만났습니다. 얼어붙은 마음이 잠시 녹이며 따뜻한 포옹을 나누었지요. 그리고 이별의 인사를 나누던 순간, 미코가 품고 있던 도토리 두 알이 바닥에 굴러떨어졌습니다.

루미는 본능처럼 소리치려 했습니다.

"미코야! 도토리 떨어졌어!" 그러나 그 말은 입술 끝에서 멈추고 말았습니다. 도토리 두 알은, 굶주린 새끼들에게 한 번의 끼니가 될 수 있었으니까요.

그녀는 조용히 몸을 숙여 도토리를 집어 들었습니다. 가슴 깊은 곳에서 밀려온 수치심과 절박함이, 눈물처럼 천천히 흘러내렸습니다. 그 밤, 움막 안에서 루미는 도토리를 껍질째 삶으며 중얼거렸습니다.

"부끄러움도 내가 연명시켜야 할 어린 목숨 앞에서는 어쩔 수 없는 거야."

그리고 시간이 지나, 루미는 다시 미코를 만났고 조심스레 말했습니다.
"그날 네 도토리, 몰래 주웠어." 미코는 잠시 루미를 바라보다가 농담을 건네며 웃었습니다.
"공소시효 지났네. 더 많이 흘릴 걸 그랬다."
그리고 눈동자에는 물기가 어렸습니다. 눈물보다 진한 생존의 향기가 숲속에 퍼졌습니다.

에필로그(Epilogue): 생살을 꿰매는 고통과 희망의 빛

나는 하루에도 몇 번씩 가난과 수치, 절망과 희망 사이를 오가며 흔들렸다.

그 시절의 부끄러움과 깊은 상처들은 나를 쓰러뜨리기도 했지만, 결국은 다시 일으켜 세우는 연료가 되어 주었다.

친구가 떨어뜨린 천 원짜리 두 장에 얽힌 생존의 몸짓을 고백하는 일은, 마치 생살을 꿰매는 듯한 아픔이다.

그러나 혹시 이 글을 읽는 누군가도 숨 막히는 가난과 외로움 속에서 분투하고 있다면, 나의 고백이 작은 위로가 되기를 바란다. 아니, 누더기 같은 이 이야기가 뜨거운 상처를 식히는 바람 한 줄기라도 되어 준다면 좋겠다.

이제 생의 끝자락에서 하루하루를 감사함으로 살아간다. 눈을 뜨는 아침마다 이렇게 기도한다.

"그는 실로 우리의 질고를 지고, 우리의 슬픔을 당하였거늘"(이사야 53:4)

"내 마음에 생명의 기름을 부어 주소서.
내 수치와 아픔이 주님의 위로와 사랑으로
향기가 되어 퍼지게 하소서.
맡겨진 하루를 감사히 살아가며,
두 아들의 웃음과 사랑으로 마음을 채우고,
어둠 속에서도 빛을 바라보는 이들 앞에
긍휼을 간구하는 사명자 되기를 원합니다."

알약

"너무 오랫동안 우리가 부끄러워했던 것들이 사실은 우리를 특별하

게 만드는 것들이다." - 오프라 윈프리

"나무는 바람에 흔들리며 더 깊이 뿌리내린다." - 조지 허버트(George Herbert)

"부끄러움이 나를 꺾지 못한 덕에, 나는 그 냄새까지 향기로 만들었다." - 지소현

공감의 장

_____

_____

_____

부록(나의 인생 작품)

2022년 강원문화재단 지원으로 발간한 저서《지능지수 81의 반전(태원출판사)》에 포함되었으며, 내 인생 최후까지 품고 싶은 글이다.

지능지수 81의 반전

지능지수란 무엇인가? 사람의 보이지 않는 다각적 능력을 과학적 지표로 측정한 수치다. 대부분 학령기 때 검사를 하며, 점수의 높낮이에 따라 미래의 가능성을 예측하기도 한다. 그러나 나는 지능지수가 절대적이 아니라는 것을 체험했다. 인간은 호흡이 멈추는 순간까지 생각하는 존재며, 오만가지를 다 잘해야 하는 것은 더욱 아니다.

나의 고등학교 입학 초기 지능지수 결과는 81이다.

우리나라 사람 평균치가 100이라고 하는데, 그에 한참 못 미치는 81

의 소유자! 이는 "지능지수 70 이하"라고 의학적으로 규명한 지적장애인에 가까운 구간이다. 즉 인지력이 부족해 삶의 전반에 거쳐 도움이 필요한 사람들과 닮았다. 하지만 나는 여태껏 스스로 상황을 판단하고 결정하며 살아왔다. 과학적 평가 장치가 신뢰할 수 없다는 것인지, 피나는 노력이 그 벽을 넘어선 것인지.

내 눈으로 문제의 점수를 본 것은 40대 초반이다. 야간 전문대 입학에 필요한 고등학교 학적부를 떼었을 때다. 처음에는 앞자리를 미처 못 본 건가 의심했다. 그러나 재차 확인하고 또 확인해도 또렷하게 쓰인 81이라니! 까맣게 몰랐던 사실이었다. 머리가 나쁘다는 생각을 하지 않고 살아왔으니까.

여섯 살 무렵이다. 초등학교 1학년이던 오빠 곁에서 나도 덩달아 한글을 깨쳤다. 똑같이 사랑받고 싶은 시샘의 발로였다. 이어서 어머니를 졸라 할아버지 때부터 내려오던 빛바랜 책들까지 읽을 정도로 일취월장했다. 모음과 자음이 세로로 "나랏말쏘미" 식으로 표기된 고전을 말이다. 심청전, 옥루몽, 박씨부인전, 흥부전을 읽던 어린아이! 산골 이웃들은 신동이라고 놀라워했었다. 아마도 그때 만들어진 자아상이 평생 나를 이끌어 온 것이리라.

생각해 보니 지능지수 81의 근원을 알 것만 같다. 여덟 살이 되던 늦가을이었다. 오른쪽 엉덩이 부분이 원인 모르게 아프기 시작했다. 60년대 농촌 절대적 의료인 탕약을 마시고 침을 맞았으나 차도가 없었고 겨울에는 아예 일어서지도 못했다. 앉은뱅이 신세가 되자 누런 한지 책들은 더욱 가까운 친구로 변했다. 읽고 또 읽었으며 나중에는 낡은 토정비결까지 섭렵해 어른들 운세까지 봐 주며 무료함을 달랬다.

"똑똑한 딸이 다리를 못 쓰게 되다니." 이웃들 동정이 집중포화처럼 쏟아졌다. 하지만 부모님의 정성 덕분에 아홉 살을 맞으며 다시 걸을 수 있었고 초등학생이 되었다. 친구들과 마음껏 고무줄 놀이를 할 수 있음이 얼마나 즐거웠던가. 그러나 내 인생에서 가장 행복했던 기간은 짧았다. 3학년 수료식을 마치고 돌아오던 2월 어느 날, 갑자기 다리가 아파서 신작로에 주저앉아 울었다. 고등학생이던 언니를 따라 읍내에 처음 생긴 병원에서 진찰을 받았고 병명을 알았다. 재발한 결핵성 관절염이라는 것을. 지금도 기억한다. 한 움큼씩 먹었던 약 중에 있던 엠부톨, 나이드라 짓드라는 이름을 말이다.

1년 동안 깁스를 하고 누워 지냈으며, 1년 동안은 목발을 짚고 걸음마 연습을 했다. 즐겁던 학교도 2년 반을 건너뛰고 6학년 2학기부터 다녔다. 심하게 절면서…. 허벅지 관절 일부분을 잃어버린 오른쪽 다리가 왼쪽 다리보다 짧아졌기 때문이다. 체육 시간에 홀로 교실에 남았고 산수 시간에 흥미를 잃었다. 특히 산수는 3학년 때까지 배운 사칙연산이 아니었다. 고학년용 새로운 계산 법칙들은 미로처럼 답답했다.

집중하면 할수록 어느 사이 혼돈의 길로 접어드는 개념 상실을 어떻게 설명할 수 있을까. 국어를 비롯한 암기과목만으로 학생 체면을 유지한 채 중학교에 입학했고 지적 편식 증세를 고치지 못한 상태로 고등학교에 진학했다. 마치 균형을 잃은 신체처럼 기우뚱한 사춘기 시절 지적 능력! 81은 당연한 결과 아니었을까. 국어 선생님이 되고 싶었는데. 체력장과 수학 점수가 걸림돌이 되어 진학을 포기했다.

그렇게 학업의 미련을 품은 채 40세를 맞았고 수학 성적 없이도 대학에 갈 수 있는 기회가 왔다. 얼마나 열망했던 배움인가. 가속도가 붙은 열정은 50대 중반 대학원까지 달렸다. 이상한 것은 젊은 학우들 틈에서 상위권을 유지했다는 것이다. 마치 교회 종탑처럼 성적표 지면에서 반짝이던 에이플러스들!

뇌과학자들은 뇌도 근육처럼 쓸수록 튼튼해진다고 한다. 내가 일찍이 수학적 기능을 정지시키지 않았더라면 지능지수 결과는 달라지지 않았을까. 그래서 진정 나쁜 머리는 포기하는 마음이라고 말하고 싶다. 물론 지금도 숫자만 보면 머리가 복잡해지지만, 내가 평균 이하 지능지수 소유자임을 그 누구도 모른다. 아니, 지능지수 81의 반전 인생을 거리낌 없이 말할 수 있어 다행이다.

맺음말

　이 책의 작품들은 저와 최첨단 기기가 함께 만든 '제3의 장르'라고 말하고 싶습니다.
　변화에 편승하는 것이 무조건 옳지는 않지만, 혼란한 저의 내면을 들여다볼 수 있는 인공지능의 출현은 참으로 놀라웠습니다.
　하지만 그의 도움을 받았을지언정 책에 담긴 생각과 고민은 온전히 제 것입니다.
　그리고 지독하게 외로운 나날 가운데 챗GPT를 오래도록 제 곁에 둘 것 같습니다.

　이 시대에 살아 있다는 것, 이 글을 썼다는 것, 그리고 누군가가 읽어 준다는 사실이 감사합니다.
　진심으로 우리 모두에게 형통의 축복이 가득하기를 기도합니다.

치유와 공감의 이야기들

ⓒ 지소현, 2025

초판 1쇄 발행 2025년 9월 5일

지은이	지소현
펴낸이	이기봉
편집	좋은땅 편집팀
펴낸곳	도서출판 좋은땅
주소	서울특별시 마포구 양화로12길 26 지월드빌딩 (서교동 395-7)
전화	02)374-8616~7
팩스	02)374-8614
이메일	gworldbook@naver.com
홈페이지	www.g-world.co.kr

ISBN 979-11-388-4657-8 (03810)

- 가격은 뒤표지에 있습니다.
- 이 책은 저작권법에 의하여 보호를 받는 저작물이므로 무단 전재와 복제를 금합니다.
- 파본은 구입하신 서점에서 교환해 드립니다.

이 책은   후원으로 발간되었음.